les huiles végétales d'alimentation

collection
santé naturelle

Manuel diététique des fruits et légumes. Préface du Dr J.-M. Kalmar (Editions Dangles).

Des fleurs pour vous guérir. Préface du Dr Jacques Pezé (Editions Dangles).

Régénération par le Jeûne. Préface du Dr Jacques Kalmar (Editions Dangles).

Les Plantes fumables. Préface du Dr Jacques Kalmar, introduction de Frédéric Edelmann (Editions Maloine).

Douze Fruits et Légumes fondamentaux. En collaboration avec le Dr Yves Donadieu (Editions Maloine).

Les Mains vertes : manuel de cuisine biologique. Préface de René Dumont (Le Courrier du Livre, Paris).

Ici, Maintenant et Toujours, suivi de *l'Enfant*. Préface de Maître Henri Sauguet (Ed. Saint-Germain-des-Prés, Paris). Epuisé.

Se nourrir de... rien ou *les végétaux sauvages nutritifs*. En collaboration avec Françoise Hindié. Préface du Dr Jean Valnet (Maloine).

Se nourrir, se guérir aux plantes sauvages. En collaboration avec Bianca Saury. Préface d'Albert Delaval (Tchou).

Se nourrir au bord des chemins. Préface du Dr Jacques Kalmar ; postface de Guy Tarade (Vie et Action, Vence).

Le Miel et la cire. Poèmes avec 10 lettres et 10 dessins inédits de Jean Cocteau. Préface de Jean Marais (Ed. Michel de l'Ormeraie, Paris).

Cinquante Végétaux sauvages nutritifs. Préface de J.-C. de Tymowski (Ed. J. Grancher).

Les Combats élémentaires, recueil de nouvelles (chez l'auteur).

Les Plantes mellifères, l'abeille et ses produits. Préface du Pr Rémy Chauvin ; postface du Dr Donadieu (Ed. Lechevalier, Paris).

Les Sorties de l'auberge, roman policier (chez l'auteur).

Le Cimetière des lapins, western (chez l'auteur).

En préparation :

Manuel de la Vie Sauvage (Editions Dangles - coll. « Ecologie et Survie ») - Sauver la Vie (Editions Dangles - coll. « Ecologie et Survie ») - Les Algues, manne nutritive - Les éléments nutritifs et leurs sources - Le Solfège divin des végétaux - Les Moments d'une Rose - Trouver un toit - Dictionnaire des Mots essentiels - Les Plantes aphrodisiaques - Le Thé, le Café et leurs végétaux de substitution - 24 végétaux sauvages fondamentaux (2 fasc. Editions Maloine).

Alain SAURY

(avec la collaboration de Gaud Morvant)

les huiles végétales d'alimentation

Préface de Emile Noël

Propriétés diététiques et usages culinaires de tous les corps gras alimentaires

Editions DANGLES

18, rue Lavoisier

45800 ST JEAN DE BRAYE

AUTRES ŒUVRES DE L'AUTEUR

Disques :

Béatrice Arnac chante Alain Saury (Vogue).
Ecce Homo ou La Passion de Jésus, avec P. Fresnay, S. Reggiani, L. Terzieff,
  M. Simon, J. Mercure, D. Gence, M. Auclair, R. Hossein, J. Marchat, etc.
  (Ed. Blaler Diamant - B.A.S.F. 21 500 12 2).

Cassettes chez l'auteur :

Béatrice Arnac chante Alain Saury.
Le Tao Té King de Lao-Tseu, avec B. Arnac, M. Auclair, J. Laurent.
Le Sermon sur la montagne de saint Matthieu.
L'Ecclésiaste.
Ecrits et dits de J. de la Croix, saint Jean, saint Paul, etc.
Le Chat.
Le Cantique des cantiques de Salomon (en préparation).

Films :

La Journée de Pernette (Sipro prod.) — *Au pied de l'arbre* — *Ecce Homo* — *Michel
Simon, une vie* — *Le Bel Indifférent* (O.R.T.F.).

ISBN : 2-7033-210-X

© Editions Dangles, St Jean de Braye (France) - 1980

« La fleur que tu écrases se venge en t'offrant son parfum. »

« Tends-tu sans cesse à ce qu'il y a de plus haut, de plus grand ? La plante peut te guider. Ce qu'elle est involontairement, sois-le de plein vouloir. »

Schiller

Nous remercions vivement :
— M. Emile Noël, pour son accueil et sa compétence empirique d'artisan huilier ;
— Mme Aude Douillon qui ne nous vit pas toujours baigner dans l'huile et sut l'assumer ;
— le sinistre incendie qui a épargné nos travaux ;
— M. Jean-Yves Anstet-Dangles, notre éditeur et ami.

Préface

Nous vivons une époque très particulière, où les hommes ont un comportement bien étrange. Pour ce qui me concerne, je n'y comprends plus rien. Dans le domaine qui est le mien — celui de la fabrication des huiles d'alimentation — je ne peux m'empêcher de vous donner un exemple inquiétant.

Auriez-vous l'idée de décolorer un produit avant de le recolorer ensuite ? Non, bien entendu ! me direz-vous. C'est pourtant ce qui arrive à ces pauvres huiles alimentaires traitées chimiquement au cours de manipulations longues et complexes, dans les huileries industrielles modernes. Pauvres huiles ! On leur fait subir un bien mauvais sort qui les transforme en corps exsangue et édulcoré. Des huiles dénaturées... mortes.

Dans les huileries industrielles, on ne se contente pas de presser les fruits ou les graines pour en extraire l'huile. Pour ne pas en perdre une seule goutte, on effectue une extraction chimique avec des solvants qui ont pour nom *trichloréthylène, sulfure de carbone* ou *cyclohexane*. L'huile est ensuite démucilaginée à l'*acide sulfurique* et neutralisée à la *soude*. Puis, on la décolore avec du *bioxyde de chlore*... et ce n'est pas tout ! On continue en la désodorisant à haute température et, comme on estime qu'elle ne serait pas attrayante aux yeux des consommateurs, on la recolore avec de l'*acide carminique*, de l'*arcéine* ou des *xantophylles*. On recolore donc ce que l'on a préalablement décoloré ! Absurde ! Ce n'est malheureusement pas fini : pour empêcher les huiles de rancir, on les « enrichit » en antioxydants dont les noms font frémir : *butylhydroxyanisol* et *butylhydroxytoluène*.

On comprend mieux, à la lueur de cet exemple, l'engouement actuel pour les PRODUITS NATURELS. Le consommateur se méfie de plus en plus des aliments qu'on lui propose, aliments suspects du fait d'une trop belle apparence qui masque bien souvent de troublantes interventions de la chimie.

Ce remarquable livre d'Alain Saury nous permet d'y voir plus clair et de mieux comprendre pourquoi notre santé exige que l'on se tourne vers des HUILES NATURELLES, obtenues par simple PRESSION A FROID. Des huiles vivantes, dont les propriétés diététiques ont été préservées. La lecture de ce livre vous permettra de faire votre choix en toute connaissance de cause, car la documentation et l'argumentation démontrent à l'évidence l'ineptie de l'industrialisation.

De plus, ce livre présente un second intérêt : il aborde un sujet ignoré par la plupart des auteurs. Les protéines et les glucides font l'objet d'innombrables études, tandis que les lipides — corps gras, graisses, huiles — restent étrangement ignorés, et ce livre répare une injustice. Ceci est d'autant plus important que se développent aujourd'hui des maladies propres à notre civilisation contemporaine : cancer, obésité, diabète, hypertension, allergies, ulcères, maladies cardio-vasculaires, etc. Or, quand on sait l'importance des corps gras par rapport au taux de cholestérol, on se doit de ne consommer que des huiles riches en acides poly-insaturés. En effet, les molécules de ces acides gras ont la faculté de fixer des éléments supplémentaires, propriété biologique essentielle, car elles permettent ainsi la solubilité et le transport — donc l'élimination — du cholestérol excédentaire.

Vous apprendrez aussi à connaître parfaitement les prestigieuses qualités gustatives et diététiques de l'huile d'olive, et celles moins connues des huiles de citrouille, de pignon, de pistache et même de tabac...

Il est à déplorer que, sur des centaines de plantes à huile, une vingtaine seulement soient exploitées pour notre nutrition. Aujourd'hui, les deux tiers du monde meurent de faim, et le reste de l'humanité de pléthores à cause d'aliments impropres ou dénaturés

PREFACE

qui trompent notre appétit. Qu'attendons-nous pour rendre potagers les quelque quinze cents végétaux sauvages nutritifs actuellement répertoriés (dont de nombreux en voie de disparition à cause des diverses pollutions), alors que cent cinquante seulement sont cultivés ?

Ce nouveau livre d'Alain Saury vous aidera donc désormais à choisir attentivement les huiles que vous consommerez... pour votre santé.

Emile Noël
Maître moulinier

HISTORIQUE

*« Il viendra à nous, nous sauvera et sera nommé Krystos,
Christ : l'Oint d'huile sainte... »*   A. S.

*« Des mouches mortes gâtent la meilleure coupe d'huile
parfumée. »*

L'Ecclésiaste

On sait finalement peu de choses sur la culture des oléagineux.

Les sources certaines remontent surtout à l'huile d'olive, la plus prestigieuse. L'origine de l'olivier serait l'Asie Mineure, la Crète, les Cyclades, les Sporades... Au IIIe millénaire avant Jésus-Christ, on le cultivait en Phénicie, en Palestine, en Syrie...

L'homme dut commencer à presser la graine entre ses dents ; puis vinrent le pilon et la meule, moulin à bras ou à traction animale, puis à eau et à vent.

Ce goût de l'huile, dont devaient s'emparer toutes les religions, pour l'onction de l'âme à travers le corps ne date pas d'hier. Son onctuosité glissante servit pour lisser la peau aussi bien à des fins amoureuses que belliqueuses. Sapho et les athlètes grecs l'utilisaient à des fins différenciées : l'une pour se réjouir de la joie donnée à l'autre, les autres pour être fiers de la défaite de leur partenaire de lutte.

Les Phocéens, les Egyptiens, les Grecs et les Romains utilisaient l'huile d'olive pour leur alimentation, pour éclairer leurs nuits d'insomnie, et comme onguent pour les soins de leurs plaies. Mais cette huile est de pulpe...

Les Indiens d'Amérique du Sud, dès l'époque précolombienne, savaient extraire l'huile de l'arachide.

Il faut attendre le XVIIe siècle pour voir naître le commerce des huiles. Auparavant, il se limitait à des marchés locaux. La progression démographique, de nouvelles thématiques sur l'alimentation humaine vont imposer au monde la notion qualitative puis quantitative des huiles végétales.

Cette notion quantitative reste l'apanage de notre siècle mais, peu à peu, surgissent des notions supplémentaires que notre ouvrage va tenter de synthétiser en faisant le point lipidique sur les divers corps gras que la nature propose à l'incohérence de notre génocide appétit.

généralités

Les lipides

1. Définition

L'Union internationale de la chimie (assises de Cambridge - 1923) a ainsi défini les lipides : « *Nom donné aux matières grasses et aux éthers-sels analogues (ou esters : corps résultant de l'action d'un acide sur un alcool avec élimination d'eau).* »

Les lipides groupent tous les corps gras. Ce sont des aliments réchauffeurs, et le véhicule des vitamines liposolubles : A, D, E et K (cf. ce paragraphe). Ce sont les sucs biliaires qui se chargent de leur émulsion.

Leurs principales sources sont : huiles et graisses végétales, fruits oléagineux, sous-produits animaux (beurre, crème, fromage, œufs...), olive, blé germé, chairs animales (viande, poisson...).

Le professeur Lautié dit : « *Les graisses animales sont trop souvent des exutoires où se concentrent microbes, déchets de désassimilation, ptomaïnes, médicaments, pesticides, etc. Le lipide végétal paraît plus sûr et d'une digestibilité plus grande. Donnons la priorité aux corps gras végétaux.* »

N'oublions pas, cependant, que ces dits corps gras végétaux sont extrêmement sensibles et fragiles, susceptibles d'être agressés (cf. § 5).

2. Apports et carences

Les huiles et graisses ont une place importante dans notre nutrition, car elles entretiennent la chaleur corporelle et donnent de l'énergie. Il faut bien différencier les **corps gras fluides,** surtout composés d'acides insaturés, et les **corps gras concrets,** surtout composés d'acides saturés.

Les premiers, provenant d'huiles végétales, intéressent beaucoup les nutritionnistes car notre organisme ne peut les fabriquer. Ils auraient une place de choix dans la constitution des phospholipides, dans la protection de la peau, dans la croissance, comme régulateurs des tissus nerveux et dans la reproduction.

Un acide est dit *insaturé* quand il peut fixer davantage d'hydrogène : l'acide *mono-insaturé* est l'acide oléique ; l'acide *poly-insaturé* est l'acide linoléique qui est vital car l'organisme est inapte à le produire lui-même. C'est donc un **acide gras essentiel.** Il possède la propriété de diminuer le cholestérol sanguin, et serait un préventif efficace des maladies cardio-vasculaires.

Les graisses végétales contiennent beaucoup de vitamine E qui sert d'anti-oxydant aux lipides. En ce qui concerne les huiles végétales hydrogénées, elles perdent par cette opération leurs qualités de non-saturation pour donner des acides gras saturés.

En conclusion, pour éviter des carences nutritives, surtout chez les nourrissons non allaités à un très bon et perdurable lait maternel, il est bon de préférer les huiles végétales sources d'A.G.E. (acide gras essentiel), aux autres corps gras.

A propos des graisses saturées d'origine animale, les acides gras sont dits saturés quand ils ne peuvent plus fixer d'atomes d'hydrogène. Ce sont les acides palmitique, stéarique, myristique et laurique, essentiellement constitutifs des graisses animales et très partiellement des graisses végétales non dénaturées. Une consommation trop importante d'acides saturés entraîne une augmentation du taux de cholestérol qui amène à son tour l'athérosclérose, l'hypertension et le diabète.

D'après les travaux d'Helsinki, les maladies cardio-vasculaires seraient la conséquence certaine de l'usage d'acides saturés. Il apparaît que ces acides sont fortement thrombogènes. Donc la consommation de graisses animales est alarmante mais, si la ration lipidique est à diminuer, le plus raisonnable serait plutôt de considérer dans quelles proportions les acides saturés et insaturés sont assimilés ! Il a été démontré que la consommation de graisses saturées entraînait la maladie des coronaires et celle des thromboses veineuses et artérielles.

En principe, le caractère thrombogène d'une graisse alimentaire dépend du rapport entre l'acide stéarique et linoléique. Les études démontrent que les acides myristique et stéarique seraient les causes principales de la cholestérolémie et de l'athérosclérose.

Le cholestérol fait partie intégrante de toutes les cellules du corps et protège la peau contre l'action de diverses substances chimiques et de l'absorption de substances hydrosolubles. Dans le sang, il existe à l'état libre et sous forme estérifiée avec les acides gras. Mais la quantité de cholestérol présente dans les aliments a peu d'influence sur celle du sang.

Une alimentation trop riche en gras saturés augmente le taux de cholestérol par l'accumulation de dépôts graisseux dans le foie. En conséquence, il vaut mieux réduire la quantité de graisses saturées que celle du cholestérol. La cholestérolémie entraîne le durcissement des artères, des hémorragies cérébrales, l'artérite, les coronarites...

Les corps gras d'origine animale et végétale hydrogénés favorisent ces excès. Il faut noter que les graisses des animaux marins sont, contrairement à celles des animaux terriens, riches en acides non saturés.

3. Beurre, lait, fromage

Le beurre serait un des lipides le plus hétérogène et le plus hypercholestérolémiant. Il est surtout composé d'acides saturés et riche en vitamines liposolubles A, D, E, K. Il est, à fortes doses, déminéralisant pour les enfants, atogène pour les diabétiques, cholestérigène pour les vieillards. Il conserve, par la présence de ses vitamines, une valeur biologique ; la cuisson en est déconseillée. N'oublions pas que le beurre du commerce courant est infiniment traité de surcroît...

Le lait et les fromages contiennent beaucoup de phospholipides qui servent surtout à maintenir l'intégrité de la cellule. Ils servent aussi de lien entre les substances liposolubles et hydrosolubles.

4. Margarine

Quelle que soit sa composition, c'est une émulsion qui est la résultante d'un équilibre de corps gras saturés et insaturés, suivie d'une hydrogénation et d'une interestérification.

Notons que l'hydrogénation détruit la présence d'acides gras essentiels, et la présence de l'huile de coco dans sa composition la rend indigeste. N'oublions pas aussi que, comme pour le beurre, la loi autorise sa coloration...

Quant aux margarines faites essentiellement d'huiles végétales, la présence d'huiles de palme, palmiste et d'huiles hydrogénées, les rend difficilement digestibles et de plus cholestérigènes. Leurs qualités vitaminiques, après trituration, deviennent nulles.

N.B. : il est courant d'entendre dire que la variété dans l'alimentation est favorable car elle devrait limiter les risques de carence, et la composition des margarines consolide cette opinion stupide car elle omet la règle des non-mélanges ou l'impossibilité, pour un organisme, d'assimiler des produits énergétiques différenciés dans le même temps (voir les ouvrages de Shelton et *les Mains vertes* du même auteur, Ed. Courrier du Livre, Paris).

5. Viande et graisse animale

La viande et les graisses animales (lard, suif...) ont des qualités calorifiques certaines, mais sont des poisons pour un organisme non charognard...

*
*   *

6. Huile minérale

Huile utilisée en médecine et ne possédant aucune qualité nutritive (voir notre paragraphe « *la paraffine* »).

*
* *

N.B. : il nous semble intéressant pour votre information de vous communiquer ce texte jeune de 2 000 ans :

L'Evangile de la Paix

« *Ne tuez ni hommes ni bêtes et ne détruisez pas les aliments que vous portez à votre bouche, car si vous mangez des aliments vivants, ceux-là vous vivifieront ; mais si vous tuez pour obtenir votre nourriture, la chair morte vous tuera à son tour. Car la vie procède seulement de la vie, et de la mort ne sort toujours que la mort. Et tout ce qui tue vos aliments tue aussi votre corps. Et tout ce qui tue vos corps tue aussi vos âmes.*

« *Voilà pourquoi vous ne devez manger rien de ce que le feu, le froid ou l'eau ont transformé. Car les aliments cuits, gelés ou avariés, brûlent, refroidissent et empoisonnent aussi votre corps.*

« *Ainsi, mangez tout ce qui se trouve sur la table de Dieu : les fruits des arbres, les graines et les herbes des champs, le lait des animaux et le miel des abeilles. Tout autre aliment conduit aux maladies et à la mort.*

« *Ne cuisez point et ne mélangez pas les aliments les uns avec les autres, de peur que vos festins ne soient transformés en marais putrides.*

« *En conséquence, prenez grand soin du temple de votre corps et ne le souillez pas avec toutes sortes d'abominations.* »

Texte extrait de :
L'Evangile de la paix de Jésus par le disciple Jean (1)

---

1. Ed. Génillard, Lausanne.

2. Mini-lexique

1. Acides gras

Acides composés d'atomes de carbone (C), d'hydrogène (H) et d'oxygène (O). Les atomes de carbone sont disposés en ligne (fig. 1), les atomes d'hydrogène saturent les liaisons disponibles du carbone, les atomes d'oxygène sont fixés en bout de chaîne et donnent le caractère acide (fig. 2).

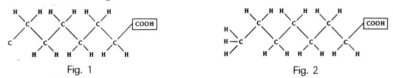

Fig. 1   Fig. 2

Les acides gras se différencient suivant :

— la **longueur de la chaîne,** c'est-à-dire le nombre d'atomes de carbone ; ce nombre varie entre 12 et 22 et est, dans la nature, toujours pair ;

— l'**insaturation** ou le nombre de doubles liaisons (fig. 3). La formation de la double liaison provient d'un manque d'hydrogène d'où le terme d'insaturation ; en effet, les acides gras saturés ne possèdent pas de double liaison. A l'endroit d'une double liaison, les acides gras sont fragiles ; une des conséquences en est le rancissement. De plus, la double liaison est un lieu d'activité chimique privilégié. Les acides gras possèdent soit 0 (acides gras saturés), soit 1 (acides gras mono-insaturés), soit 2 ou 3 doubles liaisons (acides gras poly-insaturés) ;

Fig. 3

Liaison normale   Double liaison

— l'**isomérisation,** c'est-à-dire la position des chaînes de carbone par rapport aux doubles liaisons. De chaque côté de la double liaison, les parties rectilignes saturées de la molécule d'acides gras peuvent être positionnées dans l'espace, soit dans le prolongement l'une de l'autre (position TRANS), soit coudées et disposées en angle (position CIS) (fig. 4).

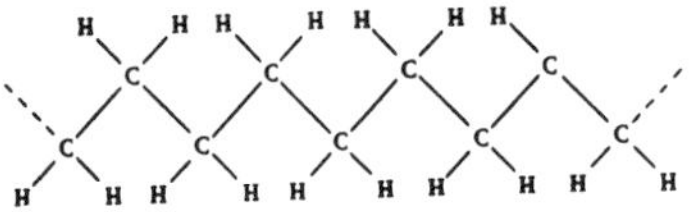

Acide gras saturé

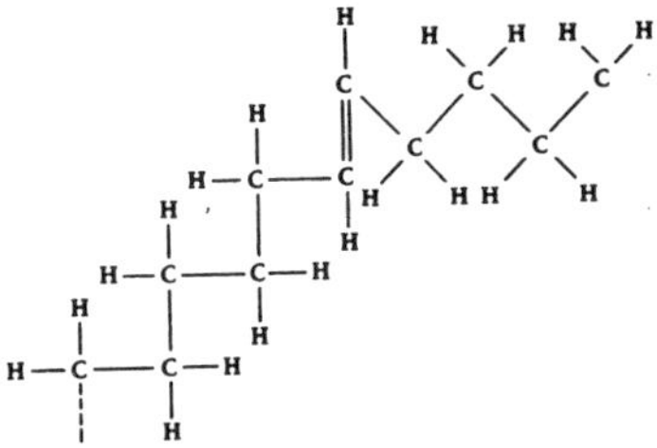

Fig. 4

Acide gras insaturé (CIS)

Principaux acides gras			
Désignation de l'acide	Origine principale	Nombre d'atomes de carbone	Nombre de doubles liaisons
Butyrique **Laurique**	Beurre Coprah	4 12	0 0
Palmitique	Huile de palme	16	0
Stéarique **Oléique** **Linoléique** **Linolénique**	Suif (bougies) Olive, arachide Tournesol, soja, mais Soja, colza, noix	18 18 18 18	0 1 2 3

2. Acide oléique

Il est contenu dans presque toutes les matières grasses. Sa formule moléculaire est : $C_{18} H_{34} O_2$.

Il peut se combiner à l'hydrogène, molécule par molécule, et devenir acide stéarique : $C_{18} H_{34} O_2 + H_2 = C_{18} H_{36} O_2$.

3. Acide stéarique

Acide insaturé que nous donnons en regard du précédent. Sa formule moléculaire est : $C_{18} H_{36} O_2$.

4. Fusion

Passage d'un corps solide à l'état liquide sous l'action de la chaleur. Son point varie selon :

— la **longueur de la chaîne** (plus le nombre d'atomes de carbone est élevé, plus il s'élève) ;

— l'**isomérisation** CIS-TRANS (plus la quantité d'isomères TRANS est grande, plus il s'élève) ;

— l'**insaturation** (plus le nombre de doubles liaisons augmente, plus il diminue).

5. Iode (indice d')

On définit le nombre iodé comme le nombre de grammes d'iode qui se fixera à 100 g d'une graisse donnée. L'indice d'iode indique donc le nombre total de liaisons doubles sans en faire le partage entre les acides mono non saturés (une liaison double) et poly non saturés (deux liaisons doubles ou plus). Le nombre iodé est l'indice du degré de non-saturation d'un lipide.

6. Réfraction (indice de)

Déviation d'un rayon lumineux ou d'une onde électromagnétique, qui franchit la surface de séparation de deux milieux, dans lesquels les vitesses de propagation sont différentes, le rayon réfracté restant dans le plan formé par le rayon incident et la normale à la surface de séparation. L'indice de réfraction est le rapport constant entre le sinus de l'angle d'incidence et le sinus de l'angle de réfraction, dans un même milieu, mesuré à l'aide d'un réfractomètre.

7. Saponification (indice de)

Tous les corps gras sont décomposés par les hydrates alcalins en savon et en glycérine, chaque molécule de matière grasse exige pour sa saponification 3 molécules de potasse.

La quantité d'hydrate de potasse nécessaire pour saponifier 1 g de matière grasse est désignée par le nom d'indice de saponification, qui permet de trouver le poids moléculaire de la matière grasse.

Cet indice permet d'identifier un grand nombre de matières grasses, vu qu'il est d'autant plus élevé que les glycérides qu'elles contiennent ont un poids moléculaire plus faible.

. Les vitamines liposolubles

Les vitamines sont des substances existant en très petites quantités dans certaines matières alimentaires, et n'entrant dans aucune grande classe d'aliments. Leur faible dose est nécessaire au corps humain, et leur absence entraîne des maladies dites de « carence ».

Elles sont dites liposolubles lorsqu'elles sont solubles dans les graisses.

Nous allons répertorier ici celles que l'on trouve aussi dans les huiles végétales :

1. Provitamine A ou carotène

La vitamine A est élaborée dans le corps humain à partir du carotène, d'où son nom de provitamine. Elle est accepteur d'hydrogène, a sa fonction dans la nutrition des épithéliums et est nécessaire à la formation du pourpre visuel.

Son absence entraîne : xérophtalmie, héméralopie, kératomalacie, blépharite, ulcères cornéens répétés, amaigrissement, perte de l'auto-immunité, déficiences hypophysaire, génitale, thyroïdienne, hypertension artérielle, cellules de la peau et muqueuses sèches, ongles cassants...

N.B. : une anti-vitamine A apparaît dans les huiles de friture utilisées plusieurs fois.

2. Vitamine E ou tocophérol alpha

La vitamine E est dite « de fertilité », car elle agit sur les organes génitaux ; c'est aussi un anti-oxydant qui protège les acides gras non saturés, les vitamines A et K ; elle aide au stockage de la vitamine A dans le foie, a des effets anti-artérioscléreux, agit sur l'hypophyse.

Son absence entraîne : impuissance, stérilité, déficience de l'activité neuro-musculaire, prurit vulvaire, eczémas, ulcères variqueux avec sclérose...

3. Vitamine D

La vitamine D est la vitamine de l'anti-rachitisme ; c'est un régulateur du métabolisme phospho-calcique, et elle influe sur l'élaboration de l'hémoglobine.

Son absence entraîne : rachitisme, diminution du calcium et du phosphore osseux, déminéralisation, abaissement du calcium et du phosphore sanguins, caries dentaires, hypertrophie et hyperfonctionnement des parathyroïdes...

N.B. : sa meilleure source demeure l'huile d'olive biologique de première pression à froid et l'exposition non prolongée du corps au soleil.

4. Vitamine K

La vitamine K est la vitamine de la coagulation sanguine ; sans elle, la cellule hépatique ne peut faire la synthèse de la prothrombine et de la proconvertine.

Son absence entraîne des hémorragies dans les régions exposées aux traumatismes avec allongement des temps de coagulation. Sa carence peut être provoquée en cas de perturbation des fonctions hépatiques ou intestinales, car elle est surtout synthétisée par les bacilles intestinaux...

5. Vitamine F

Sont nommés ainsi les acides gras non saturés indispensables ou essentiels : linoléique, linolénique... Ces acides gras rancissent facilement à l'air et c'est l'une des raisons pour lesquelles les huiles végétales du commerce courant sont traitées, afin de rester stables mais mortes.

Leur rancissement les rend destructeurs des vitamines A, E et B.

Ces acides essentiels participent à la structure même de la cellule, notamment au niveau des graisses cérébrales.

Leur absence entraîne : arrêt de croissance, sécheresse de la peau, hématurie, arrêt de l'ovulation et de la spermatogenèse, certaines formes d'eczémas chez l'enfant...

Huiles, oligo-éléments et sels minéraux

Oligo-élément est le nom donné à certains métaux et métalloïdes qui, à très petites doses, jouent dans l'alimentation le rôle de catalyseurs : cuivre, or, argent, manganèse, zinc, cobalt, fluor, iode, aluminium, lithium, fer, bismuth, potassium...

Les **sels minéraux** sont des éléments nutritifs dont les organismes vivants ont besoin, à doses infinitésimales, pour assurer le maintien de leur vie : calcium, silice, phosphore, soufre, pectine, mucilage, arsenic...

Leurs principales sources demeurent les végétaux et les fruits biologiques frais et crus, l'eau fraîche et pure, les levures diététiques, les laitages non dénaturés...

Quant aux **huiles,** il est présumé qu'elles en contiennent (et de bonne qualité si elles sont traitées biologiquement) mais, à notre connaissance, nulle analyse sérieuse n'en a été faite. Les huiles laissent des cendres, donc les éléments dont nous venons de parler, mais à des doses qui seraient infinitésimales, et cette fois beaucoup trop pour qu'un être vivant puisse ne pas en être carencé.

Quoi qu'il en soit, il nous semblerait justifié d'aller plus loin en ce sens et de poursuivre des analyses pour constater ce qu'il en est réellement.

5. Huiles, mycotoxines et résidus de pesticides

Les huiles d'alimentation, ainsi que vous le commente cet ouvrage, sont généralement extraites de graines végétales. Ces dites graines sont vivantes... et fragiles. Elles sont sensibles à un certain nombre de moisissures dangereuses pour les animaux dits « supérieurs » dont nous faisons partie. On les dénomme mycotoxines, car ce sont des toxines émanant de certains champignons microscopiques. Tous les végétaux oléagineux y sont sensibles, de l'arachide à l'olivier.

De nombreux cas d'empoisonnements ont été étudiés chez les animaux d'élevage (vaches, canards, dindes, porcs...) à la suite d'absorption de tourteaux.

Des expériences faites sur le singe et le rat ont démontré que ces toxines sont aptes à créer des lésions de cirrhose hépatique et des cancers.

Certaines mycotoxines sont capables de passer dans le lait des vaches et donc de contaminer ceux qui en font un usage régulier.

La plus connue de ces moisissures est l'*aflatoxine* ; de nombreuses études ont été faites à son sujet (travaux de M.-T. Juillet, publiés par l'ITERG, et bien d'autres). Mais il en existe beaucoup d'autres : *a. nidulans, a. fumigatus, aspergillus flavus...*

Il se trouve que ces dangereuses toxines sont éliminées lors de la décoloration et de la neutralisation des huiles dans les procédés d'extraction industrielle... ainsi d'ailleurs que le sont aussi les résidus de pesticides.

Une huile d'arachide non raffinée pourrait contenir 3 à 4 fois plus d'aflatoxines et de résidus d'insecticides qu'une huile raffinée. On est en droit de se demander, comme le fait le docteur Guierre (voir notre bibliographie), que signifie en ces cas le mot « biologique » ? Il semblerait qu'une sélection sévère des graines et que de nombreux et soigneux filtrages des huiles leur assureraient, sur ce plan, une garantie diététique aussi grande que celle des huiles dénaturées.

Quoi qu'il en soit, le grand argument des scientifiques défenseurs des huiles raffinées porte justement sur l'immunité sanitaire totale de leurs produits dénaturés.

Les débats sont ouverts... chimiquement, mais il existe d'autres jugements sur cette sacrée matière : radio-vitalité, bio-électronique, que nous donnons à entrevoir dans un autre paragraphe.

Deux modes de fabrication d'huiles végétales

Nous mettons ici en parallèle l'extraction industrielle de l'huile et son extraction artisanale, sans omettre de vous rappeler notre paragraphe « *Huiles, mycotoxines et résidus de pesticides* ».

Ces produits toxiques sont donc éliminés en extraction industrielle et ne peuvent l'être en extraction artisanale ; nous aurons d'un côté une huile pure et morte (sur le plan vitaminique, reminéralisant, radio-vital et bio-électronique) et, de l'autre, une huile qui possède fort probablement des impuretés, mais vivante sur tous les plans que nous venons d'énoncer.

Sachons aussi que l'extraction industrielle ne se soucie pas de la source biologique de ses produits, alors que l'extraction artisanale a pour souci d'employer des produits de culture naturelle ; là aussi, n'oublions pas qu'un produit de culture, non pollué directement par le cultivateur, l'est indirectement par l'environnement des cultures industrialisées.

Extraction industrielle (cycle à 3 opérations)	Extraction artisanale (cycle à 2 opérations)
1. Trituration	**1. Trituration**
A) Séparation des graines et des corps étrangers : terre, pierres... Passage à travers des tamis vibrants avec aspiration des poussières, sables et impuretés de toutes sortes.	**A) Séparation** des graines et des corps étrangers : terre, pierres... Passage à travers des tamis vibrants avec aspiration des poussières, sables et impuretés de toutes sortes.
B) Pression	**B) Pression**
Décorticage : certaines graines doivent être débarrassées préalablement de leur enveloppe, puis sont broyées et subissent un traitement thermique à environ 100° pour faire éclater les cellules et faciliter la sortie de l'huile par pression. Pression faite en continu par pressage à vis ; cette huile est chargée de particules solides nommées pieds qui seront éliminées après passage dans des centrifugeuses ou des filtres-presses. On obtient alors une huile brute limpide.	Décorticage : certaines graines doivent être débarrassées préalablement de leur enveloppe, puis sont broyées et subissent un traitement thermique ne dépassant jamais 50° pour faire éclater les cellules et faciliter la sortie de l'huile par pression. Pression faite en continu par pressage à vis ; cette huile est chargée de particules solides nommées pieds qui seront éliminées après passage dans des filtres-presses ou centrifugeuses, avant d'être encore filtrée sur papiers buvards pour enlever les dernières impuretés. On obtient alors une huile brute limpide.
C) Extraction	**C) Extraction**
Après pression, les restes de la graine (tourteau « expeller ») contiennent encore 10 à 15 % d'huile qu'on va récupérer par extraction et remêler à l'huile de première pression. Le tourteau, très riche en protéines, va servir à l'alimentation du bétail, ou être utilisé comme engrais.	Le tourteau, très riche en protéines, va servir à l'alimentation du bétail, ou être utilisé comme engrais.
2. Raffinage	
Il rendra l'huile limpide, stable et inodore, tout en préservant les acides gras essentiels.	

Extraction industrielle (cycle à 3 opérations)	Extraction artisanale (cycle à 2 opérations)
A) Démucilagination Les mucilages, ou substances visqueuses provenant des graines, vont être éliminés par traitement à l'eau chaude de l'huile, puis par séparation à l'aide de centrifugeuses. **B) Neutralisation** Elimination des acides libres qui donnent à l'huile un goût acide et nuisent à sa conservation ; élimination par centrifugeuses. **C) Lavage et séchage** L'huile alors neutralisée contient encore de petites quantités de pâte de neutralisation qui seront éliminées par lavage à l'eau ; l'eau disparaîtra alors après séchage sous vide. **D) Blanchiement et décoloration** Elimination des matières colorantes qui pourraient nuire à la bonne conservation de l'huile ; décoloration obtenue par brassage de l'huile avec des argiles décolorantes qui absorbent les pigments, argiles qui seront séparées de l'huile par filtration. **E) Désodorisation** La volatilisation des produits odorants de l'huile se fait sous haut vide dans des appareils où elle reçoit, en ce but, des injections de vapeur.	

3. Conditionnement

Les huiles ainsi obtenues seront mises en bouteilles (de plastique ou de verre) qui ne correspondent à aucun mode de conservation puisque ces huiles dénaturées et stabilisées n'en ont plus aucun besoin.

Elles seront alors fermées puis étiquetées, emballées par cartons de groupage puis acheminées vers leur point de stockage ou de vente, par wagons ou camions.

2. Conditionnement

Les huiles ainsi obtenues seront mises en bouteilles (de verre) ou récipients métallisés qui correspondent à des modes de conservation, car ces huiles non dénaturées et vivantes vont subir l'outrage du temps et doivent être préservées de la lumière, de l'air et de la température.
Ces bouteilles ou récipients seront alors fermés puis étiquetés, emballés par cartons puis acheminés vers leur point de vente, par wagons ou camions, ou attendront les clients chez le producteur artisanal.

Nous ne pouvons conclure ce paragraphe sans revenir sur les réflexions que nous inspira LE MIEL, dans notre dernier ouvrage *Les Plantes mellifères, l'abeille et ses produits* (Ed. Lechevalier) : nous devrions pouvoir vivre un absolu, celui édicté par les lois de la vie, et nous ne subsistons qu'à travers un relatif à cause des exactions de plus en plus nombreuses que nous avons commises et commettons.

Il est absolument certain qu'un être assassiné puis embaumé remarquablement ne subira plus l'outrage du temps et conservera l'apparence de sa jeunesse. C'est ainsi que le miel et l'huile sont traités par les industries alimentaires...

Dans un siècle que nous vouons au matérialisme, la vie ne peut passer qu'au second plan. Pourtant ce qui compte ne sera jamais la matière, mais la vie que porte cette matière. Mais nul ne semble plus intéressé par la vie...

Serait-ce que nous voulons mourir ?

« *Le confort me fait chier,* nous disait récemment une jeune fille de 70 ans, *je n'aime que le luxe... »*

Le luxe est la vie, le confort est la mort.

Pour vivre, il faut prendre des risques mais, raisonnablement, par l'abstinence en se ralliant à la simplicité...

Nous n'aurons bientôt plus que faire de « l'apprenti sorcier »...

Rallions-nous à la jeunesse qui monte des végétaux sauvages et, si nous éprouvons le besoin d'exprimer leurs huiles, faisons-le nous-même avec nos dents au niveau d'une mastication très lente de leurs graines.

7. Une analyse officielle

Cette fiche d'analyse d'une huile par le « Service de la Répression des Fraudes et du Contrôle de la Qualité que nous vous donnons à lire, comporte une anecdote que nous pourrions intituler : « *Considérons être saouls et voir double ! »*

GENERALITES

MINISTERE DE L'AGRICULTURE ET DU DEVELOPPEMENT RURAL

DIRECTION GENERALE DE L'ADMINISTRATION ET DU FINANCEMENT
(Service de la Répression des fraudes et du Contrôle de la qualité)

1. Code service : . . . .
2. Code traitement : . . . .

3. LABORATOIRE : × × × × × × × × × × ×

4. RAPPORT D'ANALYSE N° × × ×

5. ECHANTILLON de (dénomination du produit selon la nomenclature) : **113 - 59 - 29 - 1**
   Dénommé : **Huile vierge de tournesol**

6. Reçu au laboratoire le × × × × ×
   Poids brut : . . . . Poids net : . . . .

7. PRELEVEMENT du × × × × ×
8. Dans le département d × × × × ×
9. Nature du prélèvement : × × × × ×
10. N° du Service administratif : × × × × ×
11. Entreprises (numéro de l'I.N.S.E.E.) : × × × × × × × × × × ×

RECHERCHES PARTICULIERES DEMANDEES : **Pression à froid et filtration sur toile. Prélèvement sur chaîne fabrication. Critères de qualité.**

ANALYSE

Description de l'échantillon :
. . . .
. . . .
. . . .

Examen de l'étiquetage :
. . . .
. . . .
. . . .

Examen de l'emballage :
. . . .
. . . .
. . . .

Etat de conservation :
. . . .
. . . .

Examen organoleptique :
   Couleur : **jaune**
   Odeur : **normale**
   Saveur : **normale**

(01) Indice de saponification : **195**
(02) Indice d'iode : . . . .
Indice d'hydroxyle : . . . .
(03) Indice Relchert-Meissl (A.V.S.) : . . . .

(04) Indice Polenske (A.V.I.) : . . . .
Indice Kirschner (acide butyrique) : . . . .
Indice butyrique de Grossfeld : . . . .
Réaction de Vizern : . . . .
(05) Indice Bellier-Marcille : . . . .
Indice Blarez-Spitéri : . . . .
Indice de péroxyde : . . . .
Densité : . . . .
(06) Indice réfraction à 20° : **1,4791**
(07) Indice réfraction à 40° : . . . .
(08) K_{270}(E : 270) : **0,23**
(09) K_{232}(E : 232) : **2,3**
K : . . . .
K : . . . .
(10) Point de fusion : . . . .
(11) Insaponifiable : . . . .
Squalène : . . . .
Différenciation des stérols : . . . .
(12) Impuretés (non gras) : . . . .
Cendres : . . . .
(13) Eau et matières volatiles : . . . .
(14) Acidité : **0,95 g %**
. . . .

(15) Matière grasse % : . . . .

Nature et pourcentage des acides gras :

Butyrique :	Béhénique : **0,7**
Caproïque :	Lignocérique : . . . . . .
Caprylique :	Palmitoléique : . . . . . .
Caprique :	Oléique : **29,4**
Laurique :	Linolénique : **trace**
Myristique :	Linoléique : **58,9**
Palmitique : **10,6**	Arachidonique : . . . . .
Stéarique : **4,6**	Erucique : . . . .
Arachidique : **0,2**	Eicosenoïque : **0,1**

Examen microbiologique :

Dénombrement microbien : . . . .

Coliformes : . . . .

Indologènes : . . . .

Levures : . . . .

Moisissures : . . . .

Salmonella : . . . .

Brucella : . . . .

Staphylocoques pathogènes : . . . .

Germes lipolytiques : . . . .

Germes éasémolytiques : . . . .

Produits d'addition :

Conservateurs : . . . .

Colorants : . . . .

Adjuvants : . . . .

Révélateurs : . . . .

(16) Amidon : . . . .

Antioxygènes : . . . .

Catalyseurs : . . . .

(17) Cholestérol : . . . .

Substances toxiques :

Minérales : . . . .

. . . .

. . . .

Organiques : . . . .

. . . .

. . . .

1. Infraction présumée : . . . .

2. Code résultat : **1**

INTERPRETATION

Composition en acides gras correspondant à une huile de tournesol.
Présente les caractères analytiques d'une huile vierge.

CONCLUSIONS

SATISFAISANT

4. Notifiées le × × × × × × × × × × ×
(Notification conforme aux décisions de la Convention internationale
du 16/10/1912)

Le Directeur du Laboratoire

Car elle fut effectivement rédigée en double sur deux produits — pour les perfectionnistes — tout à fait différenciés :

— l'une pour une huile biologique de tournesol de première pression à froid ;

— l'autre, tout à fait semblable, pour une huile de tournesol de pression à chaud, obtenue à partir des tourteaux de la première que nous venons de citer !

Il semblerait donc que les critères d'analyse des laboratoires officiels ne correspondent à aucune analyse des qualités totales d'une huile, analyse que nous serions en droit d'exiger, compte tenu des possibilités actuelles des procédés scientifiques et des connaissances biologiques, diététiques, bio-électroniques, radio-vitales prônées scientifiquement par quelques-uns d'entre nous (1).

Huiles et radio-vitalité

Les vibrations sont aussi dénommées radiations, et leurs ondes se mesurent par la radiesthésie, du moins celles des produits alimentaires classées dans la catégorie des ondes courtes : au-dessous de 1,50 µ commencent les ondes courtes. Elles sont encore d'origine et d'existence en partie inconnues. Quelques savants ont réalisé en laboratoire des ondes entre 1,50 µ et 1 µ, c'est-à-dire 1 millième de millimètre.

Pratiquement, des ondes décimétriques, centimétriques et millimétriques servent au radar depuis 1942-43.

A partir du micron, nous abordons les ondes du spectre solaire dont une partie est, pour nos sens, visible et l'autre invisible. Elles commencent par les invisibles (infrarouges) qui sont les plus

---

1. Voir *Régénération par le jeûne* du même auteur (Editions Dangles), et *Radiations des aliments* d'André Simoneton (Le Courrier du Livre). Se référer aux travaux du professeur Louis-Claude Vincent sur la bio-électronique.

longues. Viennent les couleurs du spectre de la lumière qui sont visibles pour nos yeux. Ce sont ensuite de nouveau les invisibles (ultraviolets). A partir de celles-ci, on trouve les rayons X, plus bas encore les ultra-sons, les radiations de radium, thorium, uranium, puis c'est l'inconnu.

Elles se mesurent alors en angströms (dix-millionième de millimètre) :

1 mètre : 1 m	1 000 mm
1 micron : 1 μ - 0,001 mm	1/1 000e mm
1 angström : 1 Å - 0,000 001 mm	1/10 000 000e mm

Et André Simoneton ajoute (*Radiations des Aliments*, Le Courrier du Livre) :

« *Nos sens sont insensibles à une infinité d'ondes. Nous percevons une marge d'ondes correspondant aux sons, à la lumière, aux odeurs. Si nos sens étaient impressionnés par toutes les ondes, les objets auraient des formes différentes. Par exemple à chaque extrémité d'un morceau de fer, des ondes s'échappent ; si nous voyions ces ondes, ce morceau de fer aurait pour nous une forme prolongée que nous n'imaginons pas.* »

Lao-Tseu affirmait, il y a 2 500 ans :
« *Le sage veille avec respect sur ce qu'il ne voit, ni n'entend.* »
Et aussi sur ce qu'il voit et entend !

Au siècle dernier, Gérard de Nerval écrivait ces quelques vers :

« *Homme ! Libre penseur - te crois-tu seul pensant*
Dans ce monde, où la vie éclate en toute chose :
Des forces que tu tiens ta liberté dispose,
Mais de tous tes conseils l'univers est absent.

Respecte dans la bête un esprit agissant...
Chaque fleur est une âme à la Nature éclose ;
Un mystère d'amour dans le métal repose :
Tout est sensible ; — Et tout sur ton être est puissant !

GENERALITES

Crains dans le mur aveugle un regard qui t'épie :
A la matière même un Verbe est attaché...
Ne le fais pas servir à quelque usage impie.

Souvent dans l'être obscur habite un Dieu caché ;
Et, comme un œil naissant couvert par ses paupières,
Un pur esprit s'accroît sous l'écorce des pierres ! »

Les ondes courtes émises par un homme en bonne santé seraient de 6 500 A°, et tout aliment rayonnant en dessous de 6 000 A° deviendrait défavorable à son alimentation : telle est l'hypothèse posée par Simoneton qui classe les aliments en 4 catégories :

a) aliments supérieurs,
b) aliments de soutien,
c) aliments inférieurs,
d) aliments morts.

Ce qui compte effectivement n'est pas la matière, mais la vie que porte cette matière, afin d'en être essentiellement nourri.

Et l'huile d'olive, en particulier, a une force énergétique considérable et durable : sa force native de 8 500 A°, 6 ans plus tard, ne descend qu'à 7 500 A°.

Voilà ce qu'en dit M. Bovis :

« Je remarque que l'huile d'olive a la propriété non pas de se combiner, mais d'augmenter la longueur d'ondes de tous les corps qu'elle touche, d'une quantité égale à la sienne propre. Cette propriété pourrait expliquer le pouvoir médicinal, et autre, de cette huile. Elle pourrait expliquer aussi pourquoi des radiesthésistes s'en sont servis pour annuler des ondes nocives. »

— Huile d'olive biologique vierge de première pression à froid et fraîche : 8 000 à 9 000 A°.

— Radiation de la même avec du pain biologique complet : de 12 000 à 14 000 A°.

— La même dénaturée : de 4 000 à 4 500 A°.

— La même extraite de ses tourteaux à chaud : 0 A°.

L'huile de noix aurait la même force radio-vitale : 8 500 A°.

La longueur d'ondes des huiles non dénaturées par la chimie industrielle est similaire à celle du fruit non traité dont chacune est extraite, et elle varie bien sûr avec la fraîcheur des unes comme de l'autre.

Durant l'hiver, l'apport radio-vital des oléagineux et de leurs huiles nous est très profitable.

9. Huiles et bio-électronique

Il est encore une autre manière de mesurer la qualité d'un aliment : par la bio-électronique.

La bio-électronique est un procédé scientifique découvert et mis au point par le professeur Louis-Claude Vincent qui a su utiliser rationnellement les facteurs pH, rH_2, et rô ou résistivité.

pH est l'abréviation de potentiel d'hydrogène et l'indice exprimant l'activité ou la concentration de l'ion hydrogène dans une solution, à l'aide d'une échelle logarythmique. Si le pH est inférieur à 7, la solution est acide ; s'il est supérieur, elle est alcaline.

rH est le potentiel d'oxydo-réduction d'un corps défini par le logarithme de l'inverse de la pression de l'hydrogène moléculaire.

rô, ou état de résistivité, est un facteur d'indice de concentration, c'est-à-dire de rétention en électrolytes dans un milieu donné. Cette résistivité est l'inverse de la pression osmique due aux ions :

$$rô = \frac{p. O}{1}$$

Plus la pression de la solution est faible, plus la résistivité est grande. Cette résistivité donne la mesure intégrale de l'ensemble des propriétés diélectriques et conductrices d'une solution. On l'évalue en OHMS par cm/cm^2, comme en électricité industrielle. Le sang humain est à 220 ohms environ pour la parfaite auto-immunisation.

A partir de l'activité électrique, des mouvements électroniques se produisent en vue d'obtenir une constitution ionique stable, d'atteindre l'équilibre acido-basique (pH).

Le pH du sang humain (7,20) est légèrement alcalin et l'on comprend pourquoi, en cas de maladie, il faudra éviter les aliments trop alcalins et se tourner vers des produits réducteurs qui augmentent la possibilité d'absorption de l'oxygène et donc de respiration. S'il y a peu d'électrons, et donc une pression d'hydrogène faible (on a choisi comme référence l'attirance de l'ion hydrogène pour l'électron), l'oxygène prévaudra alors dans la solution ; le milieu est dit oxyde. Les mouvements électroniques tendent donc à conserver l'équilibre acido-basique et oxydo-réducteur idéal. La résistivité tient compte de la concentration du milieu ; un excès de toxines dans le sang fait baisser la résistivité ; nous irons donc vers des produits à haute résistivité.

Le pain biologique complet, le miel non chauffé et l'huile d'alimentation de grande qualité sont des éléments de haute résistivité. Les produits dénaturés, les médicaments et surtout les vaccins entraînent des effets absolument contraires à la santé d'un être humain.

0. Les huiles et la geste végétale

Le processus générateur d'huile grasse est vital chez les plantes, et chaque huile a ses propriétés particulières. Par l'eau la plante s'épanouit, en donnant soit des feuilles, des fleurs, ou des fruits.

L'eau permet donc à la plante de pénétrer dans la région des sens ; l'huile, au contraire, conduit l'épanouissement de la plante en son intérieur et finit ainsi son cycle de reproduction.

Les graines contiennent toutes de l'huile à un degré plus ou moins important ; ainsi les noyaux de pêche, d'amande et de cerise en sont remplis. Dans les arbres, quand ils sont au repos, l'huile descend dans le tronc et ne laissera aucune trace au retour du printemps. Ainsi résume Pelikan : « *D'une façon tout à fait générale, le début de la croissance se fait sous le signe de l'eau, et la fin de la croissance sous le signe de l'huile. »*

Comme tout être vivant, la plante a elle aussi besoin de chaleur. Mêlée à la lumière et à l'eau, la chaleur dégage de la plante des vapeurs aromatiques : les huiles éthériques et dites essentielles. Mais son rôle principal se joue à la formation des graines, quand elle laisse à l'intérieur de celles-ci les huiles grasses.

Grohmann dit : *« En formant la graine, la Nature met fin à la formation de la plante pour en même temps en entamer une nouvelle, la graine est aussi bien la fin d'un processus que le commencement d'un nouveau. »*

A la maturation des graines, la plante entame donc une nouvelle vie en se séparant de tous ses éléments nourriciers (la terre, l'eau) pour s'ouvrir au Cosmos ; l'intérieur de la graine se bouleverse et devient réceptif à tout appel de l'au-delà.

Qu'en pense Goethe ? *« La plante vient du ciel, elle monte vers le ciel et elle retombe vers la terre dans une alternance éternelle. »*

C'est dans ce mouvement ininterrompu que se forment les huiles grasses qui, elles, se retrouvent à l'intérieur de la plante et emmagasinent le maximum de chaleur : *« de la chaleur devenue matière »*.

L'astronome Képler a exprimé à ce sujet une de ses pensées : *« Voici le lien le plus fort qui rattache la Nature inférieure aux Cieux : en ce bas monde, au sein de la terre même, se trouve une Nature spirituelle capable de géométriser, qui, par une impulsion intérieure, sans se servir de la raison, se complaît dans les rapports géométriques et harmoniques des rayons de lumières célestes.*

Cette Nature spirituelle incite et stimule elle-même à l'emploi de ses forces propres. »

Cette dernière réflexion de Képler nous incite à vous livrer *in extenso* les réflexions de Pelikan sur le processus à la fois scientifique et spirituel de la formation de la plante (1) :

---

1. Wilhem Pelikan : *L'Homme et les plantes médicinales*, tome II, p. 223-224 (Editions Triades, Paris).

GENERALITES

« Une graisse consiste, d'une part en glycérine, d'autre part en acides gras ; elle est donc elle-même construite sur deux pôles. Par le processus de la saponification, on peut séparer ces pôles.

La glycérine qui est commune à toutes les graisses, donc aussi aux huiles grasses, est chimiquement un alcool trivalent. Les alcools sont la première étape de la combustion qui se produit quand un carbure d'hydrogène est attaqué par l'oxygène. Leur structure chimique a des analogies avec celle de l'eau ; c'est « la moitié de l'eau » ; car l'eau s'écrit : H-O-H. L'alcool méthylique par exemple est : CH_3-OH. A la place de l'un des hydrogènes, s'est insinué le groupement méthyle CH_3, un carbure d'hydrogène. Voici la structure chimique de la glycérine :

$$CH_2\text{-OH}$$
$$CH\text{-OH}$$
$$CH_2\text{-OH}$$

Elle a donc trois fois en elle la fonction alcool. De tels alcools appartiennent pour moitié à l'eau et pour moitié aux carbures d'hydrogène. Dans la glycérine, c'est trois fois le cas ; elle est un tri-alcool. Tout alcool peut se lier à des acides pour former des « esters » ; la glycérine peut le faire trois fois, et de tels esters — combinaison de la glycérine avec trois acides gras différents — sont les graisses naturelles.

Par sa composition chimique, la glycérine est proche des sucres ; elle se forme lorsque ceux-ci fermentent. Sa saveur est extrêmement sucrée. C'est un liquide épais, huileux et sirupeux, qui gèle difficilement et ne se volatilise qu'à 290°. Sa caractéristique est donc d'être liquide ; elle se dissout très facilement dans l'eau, elle l'absorbe avidement et la retient — c'est pourquoi on en met dans les crèmes que l'on veut maintenir humides. Elle dissout facilement toutes sortes de sels, dont le sel de table par exemple, et manifeste ainsi le côté hydrique de sa constitution ; d'autre part, en dissolvant l'iode, le soufre, le phosphore, elle relève sa fonction alcool. La glycérine n'a pour les humains aucune force enivrante, elle est flegmatique-mercurielle, paisiblement mobile. A cause de la glycérine, les graisses ont encore en elles quelque chose des propriétés de l'eau, ce qui est fondamental pour la genèse des hydrates de carbone dans le processus d'assimilation chlorophyllienne. Mais les acides gras sont très proches des carbures d'hydrogène, avec un peu d'oxygène en plus. En dehors de leurs représentants inférieurs (acide butyrique, etc.), ce sont des substances cireuses, solides. L'acide oléique est un liquide épais. Ils sont insolubles dans l'eau, mais facilement solubles dans des substances « sulfuriques », autrement dit ignées, telles que l'éther, le benzène. Comme nous l'avons dit, les diverses sortes de graisses et d'huiles se distinguent chimiquement par les acides gras qu'elles contiennent. C'est donc dans la nature des acides gras que se détermine la façon spécifique dont une plante est saisie par le facteur calorique ou, ce qui revient au même, par le processus hydrogène, et s'engage dans la genèse, puis la maturation des semences. Cela s'effectue autrement chez une euphorbiacée que chez une labiée, une composée ou un palmier. Et, corrélativement, l'huile de ricin est différente de l'huile de marjolaine, de tournesol ou de noix de coco.

Mais pour juger de la valeur d'une graisse végétale, il faut toujours considérer le processus végétal tout entier, et non pas seulement l'analyse chimique. »

11. Comment bien déguster les huiles

Notre langue est apte à nous faire savourer péremptoirement quatre saveurs : amère, sucrée, salée, acide... plus quelques nuances intermédiaires.

La zone de perception de l'amer se situe tout au long du bord de la langue ; celle du sucré juste tout au long de la précédente ; celle du salé après celle du sucré, et la zone de perception de l'acide lui succède. Le centre de la langue est considéré comme insensible.

GENERALITES

Pour bien déguster une huile, il suffit de s'en mettre une cuillerée à soupe en bouche tout en la mâchant lentement durant 10 minutes environ, de telle sorte que toutes les zones sensibles de la langue en soient imprégnées, en rejetant, par une aspiration lente, les vapeurs émises vers le nez.

Si l'on désire aussitôt après apprécier une autre huile, il est nécessaire de recracher la première cuillerée et de se rincer soigneusement la bouche avant d'emboucher la seconde.

Le répertoire d'un organisme officiel cote le goût des huiles de 10 à 0 :
- 10 : huile absolument plate.
- 8 : très léger goût de graine.
- 6 : goût de graine.
- 4 : goût de graine très net, ou léger goût de rance, ou léger goût étranger.
- 2 : rance, ou goût étranger très prononcé.
- 0 : très rance, ou goût étranger très prononcé, avec les nuances suivantes : goût de graine, de foin, de verdure, de suif, de beurre, âcre, de brûlé, métallique, de peinture, de poisson, rance et autres goûts à qualifier instantanément.

2. Recettes pour huiles, salades et crudités

Il est tout à fait remarquable que la plupart de nos concitoyens aient grand souci de l'huile qu'ils mettent dans le moteur de leur voiture : ils choisissent la plus chère, celle de la plus grande qualité, afin d'assurer longue vie à leur « quatre roues ». Mais si vous leur parlez d'huile de table de qualité pour leur propre corps, ils vous rétorqueront « *qu'elles sont trop chères, qu'ils n'ont pas de temps de se préoccuper de cela... »*. Par contre, ils ne refusent pas les séjours à l'hôpital, les congés de maladie que leur procurent des aliments carencés, chimiqués et complètement morts sur le plan radio-vital !

Ils se contentent des huiles de table les meilleur marché, vantées par une publicité mensongère et sans aucun support réel : *« vierge »* (qui signifie simplement sans mélange), *« de luxe »* (qui ne veut rien dire), *« sans égale »* (à condition de ne pas comparer), etc.

Mais vous qui avez souci de la mécanique de votre corps plus que de celle d'un engin de tôle et qui choisissez vos huiles de qualité biologique, vendues dans des récipients qui ne sont pas en plastique, garanties sans mélange et de première pression à froid, il semble tout à fait logique que vous ne vous en serviez pas à chaud en les faisant cuire, bouillir... Il semble tout à fait évident que vous les fassiez légèrement chauffer afin de ne pas refroidir vos préparations culinaires chaudes (pâtes, céréales, légumes...).

Quant aux possibilités de varier le goût de vos salades ou crudités, elles sont presque aussi nombreuses que les nuances de l'arc-en-ciel !

Vous avez le choix entre la salade simple (laitue, chicorée ou mâche), la salade « à dominante » (deux tiers de chicorée par exemple pour un sixième de laitue et un sixième de mâche), la salade aux racines (vous ajoutez des pommes de terre cuites et chaudes, des betteraves et des carottes crues, des radis — avec leurs fanes, ils seront moins indigestes), la salade aux légumes (petits pois crus, haricots verts, choux — toujours crus, qu'il s'agisse de choux-rouges, de choux-fleurs, de choux-verts ou de choux de Bruxelles : la cuisson les rend nocifs), la salade aux champignons (crus ou à peine revenus), aux fruits (orange, pamplemousse, kumkat, citron...). Et chacune de ces salades peut donner lieu à de subtiles variations selon l'huile que vous utiliserez.

Voici deux idées de sauces (les doses sont pour une peronne) et une règle générale : ne versez jamais votre sauce à l'avance sur la salade. Mettez-la dans un bol à part et chacun se servira à sa guise : chaque élément d'une salade doit être seulement humecté.

— Sauce à l'huile végétale : huile d'olive (4 à 5 cuillerées à soupe), sel marin gris (une pincée), un demi-citron pressé, basilic séché (une cuillerée à café), carvi (une pincée), 4 kumkats coupés en quartiers, une gousse d'ail, un petit oignon coupé en rondelles, une cuillerée à soupe de levure de bière. A préparer un peu à l'avance pour que le tout macère bien.

— **Sauce lactée :** 2 yaourts, 70 g de crème fraîche, concombre non dégorgé coupé en dés (70 g), 2 gousses d'ail hachées fin, thym (une demi-cuillerée à café), miel (une cuillerée à café). A mettre au frais : c'est une recette pour les grosses chaleurs.

Rien ne vous empêche de remplacer le jus de citron par du tamari (jus de soja concentré), un jus d'orange ou de pamplemousse ou d'ajouter du jus de pissenlit, de radis noir ou de chou (des concentrés sont vendus en ampoules dans les magasins diététiques), des fruits secs (raisins, abricots...), des amandes, noisettes, noix émincées, des herbes (thym, sarriette, persil, menthe, carvi, cumin, anis vert, serpolet, basilic, massala — c'est une poudre de plusieurs herbes orientales), des cornichons ou des bananes coupées en rondelles, des olives noires dénoyautées, de la chair d'avocat écrasée, des pignons de pin grillés, des œufs de poissons, des grains de blé germé, des fromages frais ou du roquefort, du pâté végétal écrasé et un bouquet de pétales de fleurs : violette, courge, bourrache, rose, capucine, oranger, pissenlit, arbre de Judée, tilleul, fenouil...

Nous vous signalons enfin une heureuse recette pour utiliser les ressources de votre imagination et toutes les herbes et huiles que vous pouvez posséder en votre cuisine :

Vous disposez dans une dizaine de saladiers des salades et crudités différentes : laitue, carotte, roquette, blé germé, mâche, champignon... et vous préparez pour chacune d'entre elles une sauce avec herbes et huiles différentes : olive et basilic pour la mâche, maïs et thym pour les champignons, œillette et anis vert pour la carotte, tournesol et carvi pour la frisée.

N. B. : n'oubliez pas que les huiles végétales fraîches et de bonne qualité, si elles sont conservées dans de bonnes conditions (en lieux obscurs et frais, en verre opaque, en tonnelet, en bouteille de grès...) se conservent de 8 à 12 mois.

13. Huiles végétales alimentaires ou non actuellement vendues en France

En commerce courant	En commerce diététique
arachide	arachide
colza	blé
maïs	carthame
margarine	citrouille
noix	colza
olive	faine
palme	maïs
paraffine	melon-concombre
raisin	noix
ricin	œillette
soja	olive
tournesol	palme
végétaline	pistache
	raisin
	sésame
	soja
	tournesol
	complexes d'huiles végétales :
	palme / palmiste / karité
	soja / palme
	amande / noisette / noix / pignon

N. B. : nous ne pouvons faire suivre les spécialités du nom de leur producteur afin de ne pas enfreindre les nouvelles lois réglementant la publicité.

Avec nos éléments, renseignez-vous auprès des magasins d'alimentation.

4. Tables de consommation des corps gras alimentaires

Table de pourcentages de la consommation mondiale des corps gras alimentaires (1)			
soja	24,2	arachide	7,5
coprah/palme et palmiste	16,3	colza	6,3
beurre et autres graisses animales	22,9	coton	6,3
		olive	3,9
tournesol	8,6	divers	4

Table de pourcentages de la consommation française des corps gras alimentaires (1)			
beurre	34	colza	7
autres graisses animales	13	soja	4
arachide	18	olive	1
coprah/palme et palmiste	11	divers	5
tournesol	7		

En France, la consommation moyenne par habitant et par an est ainsi répartie (1) : beurre 46 % / huile 42 % / margarine 11 % / divers 1 %.

N. B. : nous n'avons pu, hélas ! nous procurer de pourcentages en ce qui concerne la production et la consommation des corps gras alimentaires biologiques.

*
*   *

---

1. Ces pourcentages sont extraits de l'ouvrage *les Lipides dans l'équilibre alimentaire* (1978, Société des publications essentielles) et sont datés de 1975.

15. Expressions populaires... et huileuses

« *Doux comme de l'huile* » ou « *couler de l'huile* » : allusion à la fluidité, à l'onctuosité de l'huile et à tout ce qui peut y faire songer.

« *Mer d'huile* » : mer lisse comme un petit lac.

N. B. : les marins se servirent souvent de l'huile d'olive pour pacifier les tempêtes en la jetant sur les flots courroucés.

« *Faire tache d'huile* » : s'immiscer, s'étendre, pénétrer lentement, infiniment et sûrement.

« *Plus d'huile dans la lampe* » : se dit d'un être qui s'éteint, à son dernier souffle.

« *Ouvrage qui sent l'huile* » : œuvre qui sent l'effort, l'insomnie (on s'éclairait aux lampes à huile).

« *Verser de l'huile sur les plaies* » : calmer la souffrance (allusion au pouvoir de l'huile de protéger les brûlures, de l'oxygène).

« *Jeter de l'huile sur le feu* » : raviver les querelles ou les maux (allusion à la combustibilité de l'huile).

« *Huile de bras, de coude, de poignet* » : se dit d'une chose acquise par la force, l'entêtement.

« *Les huiles* » : personnes influentes ; en argot militaire, désigne les officiers supérieurs.

« *Nager dans les huiles* » : avoir relation avec des gens socialement bien placés.

« *Baigner dans l'huile* » : être heureux.

« *Huile Sainte ou d'onction* » : huile utilisée pour sacrer les rois dans les religions juives ou chrétiennes.

« *Les saintes huiles* » : huiles de l'extrême onction.

« *Etre bien huilée* » : en argot, se dit d'une femme qui assure, par une bonne humidification, la pénétration aisée de son partenaire amoureux.

les principales huiles alimentaires

SELS MINERAUX ET OLIGO-ELEMENTS

Liste des abréviations utilisées dans les rubriques « Composition » des fiches ci-après :

Aluminium	**Al**	Iode	**I**
Antimoine	**Sb**	Lithium	**Li**
Argent	**Ag**	Magnésium	**Mg**
Arsenic	**As**	Manganèse	**Mn**
Baryum	**Ba**	Nickel	**Ni**
Bismuth	**Bi**	Or	**Au**
Bore	**B**	Phosphore	**P**
Brome	**Br**	Platine	**Pt**
Calcium	**Ca**	Plomb	**Pb**
Carbone	**C**	Potassium	**K**
Chlore	**Cl**	Silicium	**Si**
Cobalt	**Co**	Sodium	**Na**
Cuivre	**Cu**	Soufre	**S**
Etain	**Sn**	Strontium	**Sr**
Fer	**Fe**	Vanadium	**V**
Fluor	**Fl**	Zinc	**Zn**

Vitamines. . . . . **vit.**

En tête de chaque fiche figurent, de gauche à droite :
— Le nom commun (en capitales grasses) ;
— Le nom scientifique (en italique) ;
— La famille (entre parenthèses).

AMANDE DOUCE
Prunus amygdalus
Rosacées

Composition et propriétés de la plante

Amande sèche (pour 100 g) : eau, 4,7 g - glucides : 17 g - lipides : 54 g - protides : 20 g - S, P, Cl, Na, K, Mg, Ca, Fe, Zn, Cu, Mn - vit. A, B1, B2, B3 (PP), C (traces) et E.

L'amande est nutritive, énergétique, reminéralisante, antiseptique intestinal, rééquilibrant nerveux. C'est un nutriment solide mais non complet de par sa faible teneur en matières hydrocarbonées.

Elle est très bénéfique pour les inflammations des voies respiratoires ou du gros intestin, pour les voies génito-urinaires, dans les cas de maladies nerveuses ou infectieuses, pour la tuberculose et la constipation. On la recommande aussi pour la croissance et les convalescences.

L'amande est plus digeste et assimilable séchée que fraîche. On peut aussi la faire légèrement griller. Il vaut mieux toujours la consommer en petite quantité et ne pas oublier qu'elle n'est pas un accompagnement mais un plat principal, bien toléré avec les fruits acides. Elle réclame une mastication prolongée.

Propriétés et composition de l'huile

L'huile d'amande douce de première pression à froid est fluide, incolore ou jaune très pâle, de saveur très douce et agréable, à goût très faible d'amande. Elle rancit facilement. On l'utilise surtout en préparations pharmaceutiques ou cosmétologiques plus que pour l'alimentation. C'est pourtant une huile de table appréciable. Elle possède extrêmement peu d'acides saturés, est riche en acide oléique et pourvue en vitamines A et E.

Huile : acides saturés : 3 à 6 % (palmitique, myristique) - acides insaturés : oléique : 77 %, linoléique : 17 à 20 % - vit. A et E.
Point de solidification : entre — 10 et — 20°.
Indices : d'iode : 92 à 106 ; de saponification : 183 à 207 ; de réfraction : 1,4705 à 1,4717 (à 20°).

Recettes et autres usages

Nul n'ignore les bienfaits de l'huile d'amande douce sur la peau mais bien peu s'en servent pour l'alimentation, et pour cause : elle n'existe pas sous forme d'huile de table même en magasins diététiques ; il faudrait donc l'extraire et la filtrer soi-même. Elle est souvent, sous ses formes commercialisées, falsifiée avec des huiles de noyaux (abricot, pêche, cerise ou prune) à propriétés voisines mais rendues comestibles seulement après raffinage, ce qui n'est pas son cas. Elle se conserve peu de temps ; Fritsch conseille de la conserver en bouteilles de verre noir, bien bouchées, à déposer en cave.

On l'utilise beaucoup en parfumerie (huiles antiques) et pour la fabrication des savons, des loochs, des potions huileuses.

Ses tourteaux, assez riches (50 % de protéines, 16 % d'huile), sont une bonne nourriture pour le bétail. On en extrait une farine qui entre dans la préparation de poudres de toilette.

Remarques

Au Ier siècle de notre ère, Dioscoride connaissait déjà les vertus de l'huile d'amande douce aujourd'hui tout à fait tombées dans l'oubli. En usage interne, on l'utilisait comme adoucissante dans les inflammations des voies digestives, contre la constipation ou les vers intestinaux, dans l'état aigu des bronchites avec toux sèche et douloureuse. En usage externe, on l'employait comme émolliente dans les inflammations, les démangeaisons, les dermatoses, les irritations des zones fragiles (téton, vulve, gland, bouche...), sous oublier le merveilleux nutriment qu'elle apporte aux peaux malades (psoriasis), ou sèches. Dans les constipations têtues, Leroy conseillait de se frictionner longtemps l'abdomen avec son huile chauffée à la plus haute température supportable.

L'huile d'amande douce et l'essence de roses sont recommandées par Steiner pour combattre la cirrhose du foie. N'oublions pas que la rose et l'amande appartiennent toutes deux à la famille des rosacées qui, pour Grohmann, *« ont lié un pacte beaucoup plus étroit avec les forces terrestres, qui sont des forces de durcissement et qui rendent les organes durables ».*

ARACHIDE

Arachis hypogaea
Papilionacées

Synonymes : cacahuète, pistache ou amande ou noix de terre.

Composition et propriétés de la plante

Cacahuète sèche (pour 100 g) : eau : 8 g - glucides : 23 g - lipides : 40 g - protides : 23 g - cellulose : 2,4 g - vit. A, B1, B2, B3 (PP), B5, B6 - P, Ca, Fe.

La cacahuète est nutritive, énergétique, intestinalement astringente...

En *usage interne,* elle aurait une action bénéfique sur la constipation, les coliques néphrétiques et hépatiques, les irritations intestinales, l'asthénie, les surmenages.

Elle semble plus digeste grillée que fraîche, mais n'en demeure pas moins très lourde. Il semble raisonnable de la consommer en très petite quantité : pas plus de 20 à la fois, avec mastication soigneuse.

Son beurre est à proscrire. Elle est gustativement agréable, et la grignoter de temps à autre ne peut être nuisible. On peut aussi la semer grillée et chaude, à la manière des pignons de pin, avec des croûtons sur les salades ou les crudités.

La cacahuète est un oléagineux très discuté et passe pour un aliment souvent suspect. Cela tient peut-être, dans le commerce courant, au fait qu'elle est livrée non biologique après de mauvais traitements de conservation ?

On l'a accusée de bien des empoisonnements, surtout dans ses pays d'origine. De toutes manières, il est important de la considérer comme un nutriment énergétique, donc comme un plat principal et non comme accompagnement d'alcools ou d'amuse-gueules.

Propriétés et composition de l'huile

L'huile d'arachide de première pression à froid est de couleur variant du jaune au brun, ou encore presque incolore (suivant sa provenance et ses modes de fabrication) ; sa saveur est particulière et à peine perceptible dans les espèces fines. C'est une huile assez bien équilibrée avec bonne teneur en acide linoléique, et le peu d'acide linolénique lui propose une bonne stabilité à la chaleur. En *usage externe,* on l'utilise sur les brûlures.

53

Son acide arachidonique serait un constituant essentiel des tissus nerveux. On l'emploie contre les ulcérations de l'estomac, de l'intestin et de la gorge (Proceeding society explanation biological medicine).
Elle est aussi une bonne huile anti-cholestérol.

Huile : acides : palmitique 8 %, stéarique 3 %, arachique 3 %, oléique 54 %, linoléique 27 %, lignocérique 3 % — vit. A.
Point de solidification : entre + 15 et — 4°.
Indices : d'iode : 86 ; de saponification : 191 ; de réfraction : 1,47 (à 15°).
Point de fumée : 170 à 190°.
Insaponifiable : < 1 %.

Recettes et autres usages

L'huile d'arachide du commerce courant est l'une des plus dénaturées par la chimie industrielle, suspicion qui s'ajoute à celle qu'on peut avoir contre la cacahuète. Obtenue par première pression à froid et sans raffinage à partir de fruits bien sélectionnés, elle apparaîtrait comme une bonne huile d'assaisonnement ou de friture (voir *Vie Claire,* n° 249).

Les documents édités pour le service consommateur des Huiles officielles, conseillent pratiquement 12 bains de friture avec la même huile ; nous serons plus circonspects en ne nous en autorisant pas plus de 4, et non avec ces produits mais avec une arachide biologique ; pas plus de 4 avec filtrage à chaque fois et friture à feu faible.

On l'utilise aussi en savonnerie, comme huile d'éclairage, comme lubrifiant.
Ses tourteaux sont un bon supplément pour la nutrition du bétail.

Remarques

W. Pelikan (1) explique bien l'indigestibilité de l'arachide, non sur un plan diététique mais astral, diététique plus subtile :

---

1. *L'Homme et les Plantes médicinales* (Ed. Triades).

« *Les papilionacées nous livrent des aliments riches en albumine, bien terrestres et un peu indigestes : pois, lentilles, haricots, soja, arachide. Leur croissance est souvent volubile, indécise entre la lévité et la pesanteur, ce qui se reflète dans la substance alimentaire... Les graines sont pesantes ; jamais elles n'ont d'ailes. Elles se livrent sans résistance à la chute. Il arrive même chez l'arachide que le fruit, au moment de mûrir, s'enterre radicalement sans rompre son attache... Un autre résultat de cette accumulation anormale d'impulsions astrales, c'est la genèse des poisons... Ces poisons ne sont jamais enivrants ni stupéfiants... Ils ont un caractère irritant et paralysant. Le corps astral de l'homme n'est pas atteint ici dans la région sensorielle, mais dans le métabolisme... »*

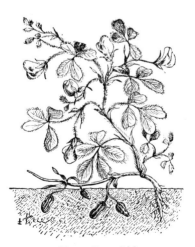

Plant d'arachide

BLE

Triticum vulgare
Graminacées

Synonymes : blé tendre, froment.

Composition et propriétés de la plante

Grain (pour 100 g) : eau, 13,4 g - protides : 10,5 g - lipides : 1,5 g -
glucides : 69 g - cellulose : 1,9 g - toutes les vitamines, sels minéraux et
oligo-éléments actuellement connus.

Germe : dans d'autres proportions, à peu près tous les composants du grain
lui-même, plus 8 acides aminés essentiels dont notre organisme ne peut
faire la synthèse à partir d'autres éléments...

Il est très nutritif, reminéralisant, énergétique, reconstituant, auto-
immunisant, anti-anémique... Il mériterait à lui seul plusieurs volumes ; il
fut le compagnon inséparable de la civilisation occidentale.

Il contiendrait, dans les mêmes proportions, presque tous les
composants d'un corps humain. Avoir falsifié sa culture, dissocié ses
composants, brûlé sa vitalité, rendu nocives ses propriétés bénéfiques est
l'un des plus grands crimes que l'humanité puisse commettre contre elle-
même.

« Donnez-nous aujourd'hui notre pain quotidien » du Notre Père, n'est
pas seulement un symbole, mais l'exacte vérité : le pain de froment complet
et biologique, cuit au soleil (ou avec les moyens lui ressemblant : bois,
infrarouges...) est le seul aliment à augmenter sa radio-vitalité, sa vie, une
fois cuit. On le consomme sous forme de pain, galettes, grains germés,
soupe, farine, crêpes, préparations multiples... et blé cru et mûr si on est
devenu apte à l'aimer et à l'assimiler.

De fait, il n'est pas de meilleure récompense que d'être mis « au pain
sec et à l'eau pure ». Il est merveilleusement assimilable sous sa forme
germée : disposer dans une soucoupe du blé biologique à germer (une
cuillerée à soupe) ; humecter d'eau matin et soir de telle sorte que les grains
débordent le niveau de l'eau ; consommer le 2ᵉ ou 3ᵉ jour dès qu'apparaît
un petit point blanc : le germe. Avoir donc toujours 3 soucoupes toujours
pleines pour assurer un roulement quotidien ; mastiquer longtemps.

Propriétés et composition de l'huile

L'huile de germe de blé est limpide, épaisse, de couleur jaune d'or à jaune brun, d'une odeur rappelant celle de la farine de froment. Son extraction fut faite jusqu'alors à l'aide de la benzine. L'artisan huilier, M. Noël, l'aurait récemment obtenue par pression à froid. Cette huile sera difficilement produisible sur une grande échelle : 100 kg de matières fournissent 1 kg de germes extractibles et 1 kg de germes fournissent 80 g de matières grasses. Mais son huile contient les 4 vitamines liposolubles A, D, K, E, et 85 à 95 % d'acides non saturés. Envers de la médaille : elle rancit très facilement.

Huile de germe : acides saturés : 5 à 15 % (palmitique, stéarique, lignocérique, arachidique) — acides non saturés : 85 à 95 % (oléique : 15 %, linoléique : 53 %, linolénique : 8 %) — vit. A, D, E et K.
Point de solidification : + 15°.
Indices : d'iode : 115 ; de réfraction : 1,46 (à 20°) ; de saponification : 190.
Insaponifiable : de 3,5 à 4,7 %.

Recettes et autres usages

Sa richesse en vitamines (voir notre chapitre *Vitamines Liposolubles*), et surtout en vitamine E, le peu de rentabilité de son extraction, ont fait que l'huile de germe de blé fut surtout employée au compte-gouttes en pharmacologie. Ses mêmes principes vitaminiques se retrouvent sans aucune préparation, sans aucun frais, dans le blé que nous faisons germer nous-même... Les mêmes, plus beaucoup d'autres (voir notre paragraphe *Composition et propriétés de la plante*).

Remarques

Pelikan affirme : *« Une force de stricte verticalité commande à toute la forme des graminacées... Qu'une famille de plantes affirmant si fortement et si exclusivement ce principe vertical fournisse l'aliment principal de l'homme — créature terrestre essentiellement verticale — c'est un geste expressif de la Nature qui nous entoure. Ce qui s'y révèle, c'est la spiritualité des Graminacées. Ce qui se cache pudiquement dans leur renonciation à l'état floral, parle en réalité à un niveau supérieur, par la bouche de l'homme... »*

A condition qu'il n'absorbe pas les végétaux par l'intermédiaire de ses frères animaux, nutriment qui lui est tout à fait impropre. Et quand on sait qu'on peut se nourrir sans tuer, pourquoi tuer pour se nourrir ?

A moins de ne vouloir se tuer...

A condition aussi qu'il ne transforme pas, à des fins lucratives, la provende végétale en aliment génocide.

Epi de blé

CARTHAME
Carthamus tinctorius
Composacées

Synonymes : carthame des teinturiers, safran bâtard, safranon, safre, safran d'Allemagne, saflor, graines de perroquet.

Composition et propriétés de la plante

Fruit : lipides : 28 % - protides : 14 % - glucides : 17 % - cellulose : 30 % - eau : 7 % - substances minérales : 3 %.
Graine : huile grasse : 55 % - diastase coagulant le lait - sucre non réducteur - lipase - vit. E...

La phytothérapie considère la semence comme laxative.
Mode d'emploi :
— émulsion : 8 g pour 124 g d'eau ;
— décoction : 12 à 24 g par kg d'eau ;
— extrait alcoolique : 2 à 4 g.

Les fleurs seraient aussi un bon révulsif intestinal mais moins puissant. La plante en général est considérée comme toxique. Son nom, dérivé de l'arabe après l'hébreu (*kartamu* : teindre), vante ses qualités tinctoriales.

Ce rouge végétal sert toujours aux peintres et pour la composition des fards. Les fleurs sont encore utilisées pour la falsification du safran. Malgré leur amertume, les perroquets raffolent de ses graines. On a employé ses feuilles et ses graines pour coaguler le lait.

Propriétés et composition de l'huile

Son huile de première pression à froid, obtenue à partir des graines décortiquées, est fluide, de couleur jaune pâle (quelquefois rougeâtre), de saveur agréable rappelant celle de l'huile de tournesol.

Sa composition nous la fait apparaître comme supérieure à l'huile d'olive pour sa teneur en vitamine E (45 mg pour 100 g, au lieu de 14), mais inférieure aux huiles anticholestérols (arachide 50, tournesol 70, soja 152, maïs 102). Cette huile se place donc entre l'huile d'olive (avec moins d'acide oléique) et les huiles anticholestérols (avec plus d'acides insaturés). Son acidité relativement faible la range dans la catégorie des huiles de bonne qualité.

Huile (après raffinage) : acides saturés : 6 à 9 % (palmitique, stéarique, myristique, arachidique, lignocérique) - acides insaturés : oléique 16 à 25 % ; linoléique 63 à 72 % ; linolénique 0,1 à 6 % - vit. E.
Point de solidification : — 15°.
Indices : d'iode : 123,8 ; de saponification : 195 ; de réfraction : 1,47 (à 25°).
Insaponifiable : de 0,5 à 1,5 %.

Recettes et autres usages

Elle peut avoir les mêmes usages que l'huile de tournesol, et remplace bien celle d'olive dont le goût trop prononcé rebute certains. Chacun se doit d'en vérifier les effets sur lui-même. On la trouve maintenant assez aisément en magasins de diététique.

Elle fut utilisée comme purgatif et comme liniment contre les rhumatismes et la paralysie. Elle est très intéressante comme huile siccative : les peintures claires ou blanches ne jaunissent pas en vieillissant grâce à elle.

Ses tourteaux de graines décortiquées sont un très bon aliment pour le bétail (40 % de protéines). Elle sert aussi d'huile d'éclairage.

Remarques

Originaire d'Orient, la culture du carthame s'est surtout répandue en Inde. On le trouve aussi sur le pourtour du Bassin méditerranéen. Dans la documentation de *Provence - Régime,* dirigé par le perfectionniste M. Noël (l'un des derniers producteurs artisanaux d'huiles biologiques), on trouve ce texte signé de notre ami André Roux :

« ... elle est donc utile dans le régime de l'artériosclérose, dans tous les cas de vieillissement prématuré. On a remarqué, d'autre part, ces vertus antirhumatismales. Tous les arthritiques en bénéficieront. Elle a aussi une action laxative douce. Son utilisation peut se faire en mélange avec d'autres huiles, ou pure, dans les salades et les autres plats, mais sans la faire cuire. »

COLZA

Brassica napus oleifera
Brassicacées

Synonyme : chou à huile.

Composition et propriétés de la plante

Le colza est une espèce amphidiploïde, née de l'hybridation de *Brassica oleracea* avec *Brassica campestris*, selon ce schéma :

Brassica oleracea
$(2 n_1 = 18)$
génome C, $n_1 = 9$

Brassica campestris
$(2 n_2 = 20)$
génome A, $n_2 = 10$

$F_1 \ n_1 + n_2 = 19$
2 (gamètes non réduits)

Brassica napus
$2 (n_1 + n_2) = 38$

Les fruits du colza sont des siliques contenant des graines exalbuminées à cotylédons assez riches en huile : 45 %.

Hélas ! le colza ne possède ni les composants, ni les multiples et extraordinaires vertus diététiques du chou vert dont il est issu (voir notre autre ouvrage *Manuel diététique des Fruits et Légumes,* Dangles).

La forte teneur en acide érucique de ses graines a rendu l'utilisation de son huile dangereuse : lésions du myocarde, troubles digestifs et de croissance... C'est, de surcroît, une plante assez fragile et très traitée par la chimie industrielle. Cette suspicion jetée sur la graine et son huile a rejailli sur son miel car le colza est responsable de la mort prématurée de plus d'une abeille !

On aurait créé aujourd'hui une variété qui n'aurait plus ces inconvénients : Colza primor, contenant dans ses graines moins de 5 % de ce néfaste acide érucique, responsable de bien des malaises. Quoi qu'il en soit, le colza demeure un végétal infiniment suspect.

Propriétés et composition de l'huile

L'huile de colza est toujours obtenue pour l'alimentation par pressions et extractions raffinées, donc absolument ignobles. Elle est de couleur variant du jaune au jaune d'or et sans saveur.

Huile : acides saturés : 8 % - acides insaturés : 92 % (linoléique : 23,2 % ; linolénique : 10 % ; érucique : 5 %).
Point de solidification : de 0 à — 10°.
Indices : d'iode : 101 ; de saponification : 175 ; de réfraction : 1,46 (à 20°).
Insaponifiable : de l'ordre de 1 %.

Recettes et autres usages

La teneur en acide linoléique de l'huile de colza la rend très fragile à chaud ; on l'utilise donc surtout pour accommoder les salades ou les crudités. Néanmoins, personnellement, c'est une huile que nous n'utilisons jamais pour les raisons citées dans les deux paragraphes précédents, et aussi à cause de son insipidité.

Elle fut employée comme huile d'éclairage, comme huile de graissage et dans la fabrication des savons.

Ses tourteaux ne conviennent pas à l'alimentation du bétail à cause des principes toxiques qu'ils contiennent.

Remarques

La consommation de l'huile de colza représente 6,3 % de celle mondiale des corps gras alimentaires.

Silique ouverte du colza

COPRAH ou COCOTIER
Cocos nucifera
Palmacées

Composition et propriétés de la plante

Fruit (pour 100 g) : eau : 46 g - protides : 4 g - lipides : 35 g - glucides : 10 g - cellulose : 3,5 g - S, P, Cl, Na, K, Mg, Ca, Fe, Zn, Cu, Mn - vit. A, B1, B2, B3 (PP), C et E.

La noix de coco est la nourriture de base de bien des pays tropicaux. Le cocotier est nommé le « roi des arbres » ou encore « arbre donnant tout ce qu'il faut pour vivre », et ses utilisations sont en effet nombreuses.

Sa chair blanche, ou albumen solide, et son suc laiteux, ou albumen liquide, sont nutritifs et rafraîchissants ; leur teneur vitaminique est faible, mais bonne est leur teneur en sels minéraux. On utilise aussi l'huile issue de sa graine et sa composition est la suivante :
Graine : eau : 3,5 % - protides : 7,8 % - lipides : 66 % - matières extractives non azotées : 14 % - fibre : 5,9 % - K, soude, Mg, chaux, Fe, Cl - acides : sulfurique, silicique, phosphorique.

Les coques de noix servent de combustible ou à la confection d'objets divers ; de ses fruits on tire des fibres textiles qui sont utilisées dans la fabrication de tapis, de cordages, de brosses, de matelas.

De l'inflorescence est extrait un liquide très sucré nommé *tody* que l'on consomme frais ou que l'on fait fermenter *(arak)* : sa fermentation fournit un vinaigre. Son bois et ses feuilles sont utilisés dans la construction. Ses racines sont employées en thérapeutique.

Propriétés et composition de l'huile

L'huile de coco est une huile concrète, de couleur variant du blanc au jaune plus ou moins foncé ; si elle est de bonne qualité, son odeur et sa saveur sont faibles. Quoi qu'il en soit, c'est une huile extrêmement traitée pour son extraction ; ses graisses sont à chaînes courtes et très saturées. Les autochtones (Philippines, Côte-d'Ivoire, Indonésie...) la considèrent comme vermifuge et antidote contre la morsure des serpents.

Huile : acides : caprylique : 9,4 % ; caprique : 70 % ; laurique : 45,3 % ; myristique : 18,1 % ; palmitique : 11,5 % ; stéarique : 5 % ; oléique : 5,1 %.

Point de solidification : de 26 à 30°.
Indices : d'iode : 24,6 ; de réfraction : 1,45 (à 40°) ; de saponification : 260.
Insaponifiable : $\leqslant$ 0,5 %.

Recettes et autres usages

L'huile de coprah est surtout utilisée dans ses lieux d'origine. C'est une huile qui ne correspond à aucune norme diététique, et son insaturation la rend aussi néfaste que les corps gras animaux.

Elle entre dans la composition de graisses de table, des margarines. Elle sert pour l'éclairage et entre dans la fabrication des peintures.

On l'utilise souvent en savonnerie et en cosmétologie.

Ses tourteaux sont comestibles pour le bétail, ou sont employés comme engrais.

Remarques

La consommation d'huile de coprah représente, avec celles de palme et de palmiste, 16,3 % de la consommation mondiale de corps gras alimentaires.

COTON ou COTONNIER
Gossypum arboreum
Malvacées

Composition et propriétés de la plante

Graine : eau : 7,6 % - protides : 19 % - lipides : 19,25 % - glucides : 20,15 % - fibres brutes : 22 % - sels minéraux : 4 % - substance toxique : gossypol.

La farine d'amande de coton fut considérée comme nutritive pour l'homme. La principale utilisation du cotonnier demeure, au niveau de ses boules... de coton, textile : tissus, pansements, coton chirurgical. On en fait aussi du papier. L'écorce de sa racine sert de combustible et d'engrais ; sa poudre, d'aliment pour le bétail.

Propriétés et composition de l'huile

L'huile de coton brute est de couleur brun rouge ou brun foncé, coloration due au toxique gossypol dont elle sera débarrassée par le raffinage. Elle devient alors jaune paille et perd son odeur et son goût désagréable.

Elle subit de nombreux traitements avant de devenir comestible et ne répond donc à aucun critère diététique. Elle n'aurait, à notre connaissance, aucune propriété thérapeutique si ce n'est d'être légèrement laxative, comme toutes les huiles qui aident au glissement des matières fécales (on peut dire aussi que toutes les infusions de plantes sont diurétiques puisqu'on les consomme avec de l'eau).

Huile : acides : palmitique 21 % ; stéarique 1,8 % ; oléique 31 % ; linoléique : 44 % ; linolénique : 1,1 %.
Point de solidification : de 4 à 0° ; raffinée : entre — 4 et — 6°.
Indices : d'iode : 110 ; de saponification : 194 ; de réfraction : 1,47 (à 20°).
Insaponifiable : de 0,5 à 1,5 %.

Recettes et autres usages

C'est une huile de table seulement consommée dans ses pays d'origine (Etats-Unis, Russie, Soudan, Nicaragua), car elle ne supporte pas le transport à l'état d'huile brute à cause du gossypol qu'elle contient.

Elle entre dans la composition de nombreux corps gras alimentaires : graisses, saindoux, margarines... On l'emploie souvent pour falsifier l'huile d'olive. On l'utilise comme huile d'éclairage et pour la fabrication des savons et dans l'industrie du caoutchouc comme plastifiant.

Ses tourteaux sont utilisés pour l'alimentation du bétail et pour fertiliser les terres cultivées.

Remarques

Pour la plupart d'entre nous, l'exploitation du coton est liée à celle des esclaves noirs d'Amérique. Qui ne se souvient de l'admirable roman : *La Case de l'Oncle Tom !* Voilà un poème extrait du folklore américain :

« O plante du coton, tu pousses loin des chemins, ton fruit n'est mangeable ni pour les hommes ni pour les singes, tu ne possèdes aucune bonne qualité, tu n'as pas d'odeur, les abeilles te négligent, il est donc inutile que nous te visitions, reste, nous nous en irons d'ici en soupirant. »

N.B. : la consommation de l'huile de coton représente 6,3 % de celle mondiale des corps gras alimentaires.

1 : sommité de cotonnier
2 : graine séparée

COURGE ou CITROUILLE ou POTIRON

Cucurbita pepo et *Cucurbita maxima* - Cucurbitacées

Synonymes : riraumont, pépon, citrouille iroquoise ou de Saint-Jean, gourde, congourdette, courge potiron.

Composition et propriétés de la plante

Fruit (pour 100 g) : eau : 90 g - protides : 1,3 g - lipides : 0,2 g - glucides : 6 g - vit. B1, B2, B3 (PP), C et provit. A - S, P, Cl, Na, K, Mn, Mg, Fe, Zn, Cu, Ca.

Amande : lipides : 51 % - protides : 36 % - substances extractives non azotées : 7 % - substances de membrane : 1,7 % - cendres : 4,6 %.

Voilà une partie des éléments que l'on peut puiser dans le remarquable ouvrage de Gabriel Garnier *Ressources médicinales de la flore française* (1), l'une des dernières études les plus éclairées sur les possibilités médicinales des végétaux sur le plan scientifique.

Cette partie peut suffire à notre propos. La citrouille et le potiron sont nutritifs, rafraîchissants, sédatifs, pectoraux, laxatifs, diurétiques, émollients... En usage interne, on les utilise contre les inflammations urinaires, les hémorroïdes, les asthénies, les dyspepsies, les entérites, les insuffisances rénales, les affections cardiaques, le diabète, les insomnies, la constipation...

Leurs semences, réduites en poudre et mêlées au miel, s'emploient contre les ténias et les ascaris.

La citrouille et le potiron ayant les mêmes propriétés et la même composition, nous avons cru bon de les ranger sous la même rubrique. Ce sont deux excellents nutriments rafraîchissants et dépurateurs. On préférera les manger crus, seuls, ou mêlés à d'autres crudités. On les utilise en soupes, potages, jus, grillades, sucs, gratinades, salades...

Propriétés et composition de l'huile

L'huile de pépins de courge est une huile d'une teinte jaune tirant sur le verdâtre, avec une légère fluorescence. Elle peut être obtenue par première pression à froid. Ses qualités seraient efficaces et péremptoires :

---

1. 2 vol., Vigot Frères, p. 1257.

a) elle est très active contre l'hypertrophie de la prostate ;
b) elle est très active contre les caries dentaires.

Nul ne sait, à notre connaissance, quels sont les éléments qui assurent son efficacité dans ces deux applications.

Pater, Carton, Schlemmer, Palaiseul confirment empiriquement ces deux dites vertus.

Huile de pépins : acides : stéarique 6 % ; palmitique 9 % ; oléique 31 % ; linoléique 48 %.
Point de solidification : — 15°.
Indices : d'iode : 122 ; de saponification : 190 ; de réfraction : 1,47 (à 20°).
Insaponifiable : de 1 à 1,5 %.

Recettes et autres usages

Sur un plan culinaire, l'huile de pépins de courge convient parfaitement aux salades et aux crudités. On lui reconnaît aussi des vertus émollientes, calmantes, laxatives, vermifuges, reminéralisantes, revitalisantes, cicatrisantes du tube digestif, tonifiantes pour le système nerveux vasculaire.

Posologie : traitement d'un à deux mois, à dose d'une cuillerée à soupe, matin et soir, à jeun et avant le coucher. En fait, même pratique que l'huile d'olive (voir cette fiche) dans le traitement du foie et de la vésicule, mais cette fois appliqué contre les caries ou l'hypertrophie de la prostate.

N.B. : il est bien évident que l'huile est inefficace pour restaurer la dentition ; elle ne peut qu'arrêter l'évolution des caries.

On l'utilise en savonnerie. Ses tourteaux sont excellents pour le bétail.

Remarques

Voilà l'opinion de Steiner, résumée par Pelikan, sur les cucurbitacées :
« Nous devons à Steiner deux indications de cucurbitacées qui étaient jusqu'alors inconnues. Il prescrivit d'ajouter des fleurs de courge au constituant minéral des sels calcaires (phosphate de calcium) qui sont le remède de base contre les tendances au rachitisme et à la sous-nutrition,

chez l'enfant. Dans le rachitisme, il s'agit d'une interaction pathologique entre l'organisation des liquides et celle de la chaleur. L'organisation du Moi ne peut pas effectuer suffisamment « les processus de refroidissement » dans le domaine osseux, lesquels engendrent des os sains ; le corps de l'enfant rachitique est, pour ainsi dire, trop aqueux et trop chaud. Il y a alors une tendance aux malformations, étant donné que la forme humaine harmonieuse est l'expression d'une organisation normale du Moi. De tout ce qui précède, on peut déduire que le processus rachitique est en parallélisme avec le processus des cucurbitacées. »

Pour abonder dans ce sens et sur un plan aimablement pratique, nous vous livrons ces deux recettes succulentes :

a) Beignets où les fleurs de courge gardent, malgré la friture et grâce à la farine, leur fraîcheur.

b) Farcies, où elles deviennent réceptacles d'un mélange de légumes ou de salades hachés menus, d'herbes aromatiques et de pâté végétal.

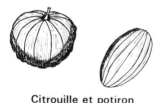

Citrouille et potiron

FAINE ou HÊTRE
Ficus carica
Moracées

Synonymes : hêtre, fouteau, fouillard, fayard, fau, fou, favinier.

Composition et propriétés de la plante

Fruit (pour 100 g) : eau : 4,74 g - protéines brutes : 13,34 g - matières grasses : 23,08 g - matières extractives non azotées : 32,27 g - cendres : 3,58 g - fagine - vitamines...

N.B. : nous n'avons trouvé nulle trace d'une analyse complète de ce fruit.

La faine est très nutritive, apéritive, astringente... Elle se consomme grillée à la manière des marrons ; son goût savoureux se situe entre la châtaigne et la noisette et elle peut constituer à elle seule un repas. Il est tout à fait déconseillé, disent certains, de la consommer en grande quantité à cause d'un de ces principes, toxique à forte dose (la fagine). Le bon docteur Leclerc n'est pas de cet avis : « *J'ai vu des enfants consommer des poignées de faines sans jamais éprouver le moindre malaise et j'en ai moi-même usé largement pour me convaincre de leur innocuité...* »

L'écorce du hêtre est considérée comme astringente et vermifuge, sous son emploi de poudre à dose de 25 à 30 g, dans les traitements des rhumatismes, de la goutte, de l'hydropisie, des affections cutanées rebelles.

Son charbon, antiseptique et désinfectant, sert dans les cas d'empoisonnements. La créosote, extraite de son bois, serait un bon bactéricide ; on l'a souvent employée dans le traitement de la tuberculose.

Propriétés et composition de l'huile

L'huile de faine de première pression à froid est assez fluide, de couleur jaune clair, de saveur agréable et d'odeur faible. Elle rancit difficilement.

Huile : acides : palmitique 4,9 % ; stéarique 3,5 % ; oléique 76 % ; linoléique 9,2 %.
Point de solidification : — 16°.
Indices : d'iode : 110 ; de saponification : 195 ; de réfraction : 1,47 (à 25°).
Insaponifiable de l'ordre de 1 %.

Recettes et autres usages

L'huile de faine est une huile tout d'abord comestible qui, hélas ! est aujourd'hui introuvable de même, d'ailleurs, que la faine elle-même. Elle devrait trouver sa place dans nos cuisines entre l'huile d'olive, d'arachide et d'œillette. Notre ouvrage se devait de le souligner.

Elle trouva utilisation dans la savonnerie et comme huile d'éclairage.

Ses tourteaux sont bien tolérés par les ruminants et les porcs, mais sont nocifs, en grande quantité, aux équidés.

Remarques

L'huile de faine ne semble comporter aucune contre-indication malgré la fagine contenue dans son enveloppe : soit que le pressage soit opéré après enlèvement de l'écorce, soit qu'on la lui laisse, mais son principe néfaste serait alors évacué dans les tourteaux.

N.B. : il est curieux que le hêtre, considéré comme arbre sacré, ne laisse guère de trace ni dans les études mythologiques, ni dans la recherche de sa potentialité astrale. Un trou de plus à combler !

Faine

Le lin ⟶

LIN

Synonymes : lin cultivé ou domestique ou usuel ou des fileurs ou de Riga, manouse.

Composition et propriétés de la plante

Graine : mucilage : 6 à 10 % (arabine, sels, bassorine, pentosanes, hexosanes, cellulose, glucose, galactose, arabinose, xylose) - Ca, K, phosphate de chaux, Fe, Al - lipides : 35 à 40 %.

Le lin fut tout d'abord exploité pour ses fibres textiles, mais le coton allait le supplanter pour cet usage et on le cultive aujourd'hui surtout pour ses graines. Ses graines sont émollientes, adoucissantes, diurétiques, analgésiques, laxatives. Les avis sont très partagés sur le plan médicinal : le bon et prudent docteur Leclerc en déconseille l'usage d'une manière générale alors que Kneipp les recommande contre les affections inflammatoires et ulcéreuses de l'appareil digestif, les inflammations de l'appendice. D'autres les préconisent dans les coliques néphrétiques et hépatiques.

En usage externe, la farine fraîche de lin sert à la confection de cataplasmes émollients. Ses graines passent pour comestibles et nutritives depuis les temps préhistoriques, mais nous n'avons trouvé nulle indication quant à leur préparation.

Propriétés et composition de l'huile

L'huile de lin a passé pour une bonne huile comestible. De première pression à froid, après dépôt de ses impuretés par le lent travail du temps ou par précipitation rapide de ces dépôts par l'acide sulfurique, cette huile est fluide et assez visqueuse, d'odeur fraîche et de saveur agréable, de couleur jaune d'or à brun.

Elle passe pour avoir une haute valeur calorique, une forte teneur en acides gras insaturés et en vitamines. Sa grande teneur en acide linoléique, nécessaire et bienfaisante à doses faibles, la fait considérer comme néfaste par certains ; pour d'autres, cet excès passe pour un excellent facteur anti-eczémateux (vitamine F).

Huile : acides saturés : stéarique 2 à 5 % ; palmitique 4 à 7 % ; arachidique 1 % - acides insaturés : oléique 21 à 38 % ; linoléique 3 à 24 % ; linolénique 25 à 60 %.
Point de solidification : — 20 à — 25°.
Indices : d'iode : 190 ; de saponification : 188 ; de réfraction : 1,48 (à 15°).
Insaponifiable : de 0,5 à 1,5 %.

Recettes et autres usages

En tant que nutriment ou huile médicinale, l'huile de lin est aussi approuvée et contestée que l'huile de colza : bienfaisante ? malfaisante ? Quoi qu'il en soit, elle est introuvable sous forme d'huile de table, mais les peintres connaissent bien son odeur enivrante car elle est certainement la meilleure huile siccative, et ce ne sont ni Cézanne, ni Vermeer qui nous contrediront.

Elle est aussi employée dans les industries des vernis, du linoléum, des toiles cirées, des encres...

Ses tourteaux obtenus à chaud seraient très nutritifs pour le bétail (30 % de protéines), et n'auraient aucun effet nocif sur lui.

Remarques

Dans la mythologie des plantes, le lin est surtout symbole de vie, de végétation facile et abondante. En Allemagne, lorsqu'un enfant grandissait mal ou ne marchait pas, la veille de la Saint-Jean on le plaçait nu sur l'herbe et on semait sur lui des graines de lin ; dès que le lin commençait à pousser l'enfant devait grandir ou marcher.

Quant aux bienfaits de ses fibres textiles les contes populaires les vantent en parlant de sublimes robes de lin tissées avec telle finesse qu'elles pouvaient tenir enfermées dans une noisette. Très souvent les fils de lin sont censés représenter les rayons solaires ; quant à son huile laxative, elle symbolise la générosité : on ne garde rien pour soi.

MAIS
Zea mays
Graminacées

Synonymes : blé de Turquie ou d'Espagne ou de l'Inde ou de Guinée.

Composition et propriétés de la plante

Grain (pour 100 g) : eau : 13,5 g - protides : 9,5 g - lipides : 4,4 g - glucides : 69 g - S, P, Cl, Na, K, Mg, Ca, Fe, Zn, Cu, Mn - vit. B1, B2, B3 (PP), B5, B6, E et provit. A - cellulose : 2,2 g.

Germe (pour 100 g) : eau : 11 g - glucides : 40 g - lipides : 21,7 g - protides : 13 g - Ca, Fe, Mg, P, K, Zn, - vit. B1, B2, B5, B6 et E.

Le maïs est nutritif, reconstituant, énergétique, modérateur de la glande thyroïde, anticholestérol... Ses protéines manquent de certains acides aminés essentiels, mais il est très riche en hydrates de carbone, matières azotées, grasses et sucrées.

Contrairement à l'avoine, c'est un nutriment pour saisons chaudes (comme le millet), avec un inconvénient : sa farine s'avarie très rapidement ; il vaut donc mieux le posséder en grains et moudre au moment voulu.

On en fait des galettes, de la polenta, des soupes, des crèmes, des crêpes, des clafoutis, des gâteaux...

Ses stigmates (ou styles) furent employés sous forme d'infusion contre le catarrhe vésical, les coliques néphrétiques, la gravelle, les douleurs de la vessie, les maladies fébriles, l'albuminurie, l'incontinence d'urine.

L'enveloppe de ses épis sert à la fabrication de papier à cigarettes, assez incombustible, mais qui a l'avantage d'être moins toxique que le papier blanc. Ses stigmates séchés sont aussi utilisés comme succédané du tabac.

Propriétés et composition de l'huile

L'huile de germe de maïs de première pression à froid est assez visqueuse, de couleur jaune clair à jaune brun, à saveur et odeur de grain (quand elle est fraîche). C'est une bonne huile de table pour qui en apprécie le goût un peu spécifique de céréales. Ses composants la rapprochent assez de l'huile de tournesol et elle est utilisée comme elle (voir cette fiche) en cas d'hypercholestérolémie et d'athérosclérose. Elle apporte la vitamine E (voir notre chapitre *Vitamines liposolubles*).

Huile : acides : palmitique 9 % ; stéarique 3 % ; arachidique 1 % ; oléique 47 % ; linoléique 41 % - vit. E.
Point de solidification : — 15°.
Point de fumée : 170°.
Indices : d'iode : 121 ; de saponification : 190 ; de réfraction : 1,47 (à 15°).
Insaponifiable : de 1,2 à 2,5 %.

Recettes et autres usages

On la recommande pour la préparation des salades, des crudités, de la mayonnaise... Elle est plus fragile que l'arachide pour les cuissons.

Elle entre dans la composition de nombreux corps alimentaires et margarines du commerce courant.

On l'utilise en savonnerie, dans la fabrication des peintures, du linoléum, de la toile cirée. C'est une excellente huile d'éclairage : elle produit une flamme blanche et vive, sans dégagement d'odeur.

Ses tourteaux sont surtout utilisés pour la nourriture des vaches laitières.

Remarques

En usage externe, l'huile de germe de maïs serait efficace contre l'eczéma, les manifestations cutanées rebelles des nourrissons, les névrodermites généralisées, mais à condition d'être patient : entre 12 et 16 mois d'application (Pace et Comblat - 1935).

Epi de maïs

NOISETTE
Corylus avellana
Corylacées

Synonymes : coudrier, avelinier, noisetier commun.

Composition et propriétés de la plante

Fruit (pour 100 g) : protides : 16,6 g - lipides : 60 à 62 g - glucides : 12,5 g - vit. A, B1, B2, B3 (PP), C et E - S, P, Cl, Na, K, Mn, Ca, Fe, Zn, Cu, Mg.

La noisette est très nutritive, énergétique, reminéralisante, digeste, vermifuge. En usage interne, on l'utilise contre la tuberculose, la lithiase urinaire, les coliques néphrétiques, le tænia ; elle est recommandée aux adolescents, aux vieillards, aux femmes enceintes, aux diabétiques.

Elle est, de tous les fruits oléagineux, le plus digestible bien que le plus riche en matières grasses et azotées (très nombreux acides aminés essentiels et secondaires).

Elle ne peut être bien assimilée que considérée comme un plat principal ne pouvant s'accomplir qu'avec les fruits acides. Elle est un très bon nutriment d'hiver car elle a l'avantage de bien se conserver séchée sans rien perdre de sa valeur alimentaire.

Elle semblerait contenir un principe hypertenseur car elle réussit dans l'anémie et la chlorose. La décoction d'écorce de noisetier fut employée avec succès contre les fièvres intermittentes, les hémorragies, les varices, la phlébite, les métrorragies, la dysménorrhée ; ses chatons et son pollen sont sudorifiques. Ses branches servent toujours à la confection des baguettes de sourcier. Ses rejets très droits sont employés pour la fabrication des manches d'outil, des tuteurs, des claies, des échalas, des bâtis de vannerie, des cerceaux...

Sans oublier la provende que sont ses fruits pour le gentil écureuil dont le nom nous évoque toujours ces deux vers de Charles Trénet :
« Qu'on me donne quatre planches pour me faire un cercueil
Il est tombé de la branche, le gentil écureuil ! » (*La Folle Complainte*).

Propriétés et composition de l'huile

L'huile de noisette est de couleur claire à jaune d'or, inodore ou à léger parfum et goût de noisette. Il est étrange que cette excellente huile alimentaire ne se trouve pas en commerce diététique : elle est d'extraction facile à froid, et les noisettes contiennent jusqu'à 65 % d'huile en première pression. On l'a souvent employée pour falsifier l'huile d'amande. Son résidu, en seconde pression à chaud, trouve emploi comme lubrifiant, pour la savonnerie et l'éclairage.

Huile : acides saturés : 4 à 8 % (stéarique, palmitique, myristique) - acides insaturés : 87 à 91 % (oléique 85 % et linoléique) - vit. A et E.
Point de solidification : 9°.
Indices : d'iode : 83,2 ; de saponification : 191,4 ; de réfraction : 1,46 (à 20°).
Insaponifiable : de l'ordre de 0,5 %.

Recettes et autres usages

Il est incompréhensible que cette excellente huile pour accompagnement de salades ou de crudités soit introuvable. Elle est délicieusement gustative et son seul défaut est de rancir facilement. Elle est aussi d'un bon apport en vitamines A et E.

On l'utilise cependant en parfumerie, en pharmacie et en horlogerie.

Ses tourteaux sont naturellement et parfaitement alimentaires (très riches en protéines).

Remarques

Les noisetiers furent plantés pour protéger le Goethéanum de Dornach des forces anti-spirituelles qui luttent pour séparer l'homme et la terre de la pensée divine.

Un certain Martin Ruland inventa une huile, la fameuse huile héracline *(oleum heraclinum),* produit de la distillation de la noisette, contre l'épilepsie.

La floraison hivernale du noisetier a, depuis longtemps, attiré notre attention, et cet arbuste fut longtemps traité avec le respect qu'il mérite. Voilà ce qu'en dit Pelikan : *« Il accumule par ses feuilles les forces solaires de l'été et de l'automne, et les communique aux noisettes dont l'enveloppe se lignifie peu à peu, tandis qu'elles s'emplissent d'une huile sèche, douce, à la saveur d'amande — c'est de la chaleur devenue substance. Le Cosmos calorique a fructifié dans l'élément lourd de la terre. »*

NOIX
Juglans regia
Juglandacées

Synonymes : noyer royal, calottier, goguier, noguier, écalonnier, gojeuter.

Composition et propriétés de la plante

Fruit (pour 100 g) : glucides 14,3 g - lipides : 62,2 g - protides : 15 g - cellulose : 2,3 g - eau : 3,3 g - vit. A, B1, B2, B3 (PP), B5, B6 et C - Ca, S, Ph, Cl, Na, K, Mg, Fe, Zn, Cu.

La noix est très nutritive, antiscrofuleuse, laxative, antidiarrhéique, vermifuge, draineur lymphatique et cutané, antituberculeuse... En usage interne, on utilise ses vertus contre la tuberculose, la scrofulose, les parasites intestinaux, les dermatoses, les diarrhées, la constipation, les lithiases urinaires... Elle est recommandée aux diabétiques.

Le mérite de la noix n'est plus à vanter : elle est l'un des nutriments les plus énergétiques mais cependant moins digestible que la noisette. Elle guérit les dartres, en usage externe, mais son abus peut procurer des aphtes.

Les feuilles du noyer ainsi que le brou des fruits (partie verte et molle des fruits à écale) avant maturité étaient utilisés comme amers-astringents, toniques, antiscrofuleux, antileucorrhéiques, vermifuges, antituberculeux, antiglycémiques et... anti-tænia. La seconde écorce de sa racine était considérée comme rubéfiante et pouvait s'utiliser comme vésication. Avec sa sève, on a pu fabriquer du sucre (Barron - 1811).

Son brou est utilisé en teinture. Ses feuilles fraîches chassent les punaises et les mites et leur infusion détruit les fourmis.

Propriétés et composition de l'huile

L'huile de noix de première pression à froid est de couleur jaune clair à verdâtre, de saveur douce et très agréable. Elle rancit facilement et devient alors purgative et de goût très désagréable.

Huile : acides saturés : 5 à 8 % (palmitique, stéarique, myristique, arachidique) - acides insaturés : oléique 14 à 20 % ; linoléique : 69 à 78 % ; linolénique 3 à 13 % ; isolinolénique) - vit. A.
Point de solidification : — 29°.
Indices : d'iode : 145 ; de saponification : 193 ; de réfraction : 1,47 (à 20°).
Insaponifiable : de l'ordre de 0,5 %.

Recettes et autres usages

C'est une huile de table extrêmement estimée que l'on compare pour la finesse de son goût à la meilleure huile d'olive ou de pavot. Nous avons eu le bonheur d'en savourer, il y a quelques années où on en trouvait aisément en magasins de diététique. Elle se prête aussi bien aux préparations froides que chaudes. Dioscoride et, plus récemment, M. de Surel, ont vanté ses vertus ténifuges (60 g au repas du soir dans une salade de pommes de terre).

On l'utilise en savonnerie, pour la fabrication des peintures, pour l'éclairage.

Ses tourteaux frais conviennent pour l'alimentation des bestiaux.

Remarques

L'huile de noix est astralement approuvée par Pélikan : « *L'huile grasse de cette graine est très fortement non saturée ; c'est donc ce qu'on appelle une huile sèche ; elle absorbe de l'oxygène, ce qui la rend épaisse et ferme. On l'a beaucoup employée dans la fabrication des vernis. Les huiles non saturées sont les plus précieuses biologiquement et les plus actives en raison de leur affinité pour l'oxygène. Ingérées par l'homme, elles sont facilement saisies par son corps éthérique, livrées aux processus vivants de combustion, et se convertissent en chaleur organique. Au contraire, les huiles saturées tendent à créer, dans notre corps, des dépôts inertes... »*

On trouve en magasins d'alimentation saine, un beurre végétal dans la composition duquel rentrent l'amande, la noisette, le pignon et... la noix.

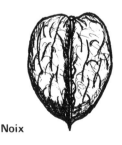

Noix

ŒILLETTE ou PAVOT

Papaver somniferum
Papavéracées

Synonymes : pavot somnifère ou des jardins ou blanc ou noir ou officinal ou médicinal ou pourpre ou à opium ou de Perse, oliette, olivette.

Composition et propriétés de la plante

Graine : huile : 50 % - mucilage : 23 % - matières albuminoïdes : 13 % - cellulose : 6 % - cendres : 7 % (chaux, acide phosphorique...).

Les graines sont la seule partie du pavot à ne pas renfermer d'alcaloïdes ; elles furent utilisées en émulsion (10 g pour 200 g d'eau), comme émollient et comme spécifique contre les constipations opiniâtres et le catarrhe de la vessie ; on en faisait aussi des enveloppements adoucissants. Mais leur usage principal fut toujours alimentaire : condiment de pain ou gâteaux, et... huile de table.

Quant au latex de la plante, chacun le connaît sous le nom d'opium dont la vente est strictement réglementée, ainsi que celle de ses dérivés : morphine, cocaïne, héroïne.

Le pavot est sédatif de toutes douleurs, antispasmodique, hypnotique, béchique, calmant, modérateur des sécrétions biliaires, rénales et intestinales, antidiarrhéique... Il est contre-indiqué dans les tuberculoses avancées, les états infectieux, pour les reins défectueux. Quant aux bienfaits et méfaits causés par l'opiomanie, consultez notre autre ouvrage *les Plantes fumables* (Ed. Maloine).

Nous soulignons ici qu'il existe deux variétés de pavots :
a) *Papaver somniferum album* ou pavot à opium ;
b) *Papaver somniferum nigrum* ou pavot à huile.
Chacun cultivé à des fins différenciées qu'expliquent leurs noms communs.

Propriétés et composition de l'huile

L'huile d'œillette de première pression à froid est une huile de couleur jaune pâle ou jaune d'or clair, de saveur très douce et agréable... à condition d'être obtenue à partir de graines très fraîches.

Sa teneur en acides insaturés aide à la dissolution des boues cholestéroliques, à l'assouplissement des artères ; elle est donc recommandée à ceux souffrant de troubles circulatoires ou cardiaques. Sa teneur en triinsaturés et diinsaturés (65 %) fait qu'elle surpasse l'huile de tournesol (58 %) et la rend précieux facteur d'immunisation contre le cancer et les maladies cardio-vasculaires.

Huile : acides : palmitique 3 % ; stéarique 2 % ; arachidique 1 % ; oléique 28 % ; linoléique 59 %.
Point de solidification : entre — 12 et — 27°.
Indices : d'iode : 134 ; de saponification : 194 ; de réfraction : 1,46 (à 15°).
Insaponifiable : de l'ordre de 0,5 %.

Recettes et autres usages

L'huile d'œillette a un goût d'une rare finesse qui la fait souvent préférer à celle d'olive ; il est dommage de la faire cuire ; elle garde toute sa bonté sur les salades ou les crudités ; il est toléré de la faire à peine tiédir pour assaisonner les préparations chaudes. Elle rancit difficilement. Elle est souvent falsifiée avec des huiles de sésame, d'arachide ou de lin mais certaines marques d'aliment sain sont un sûr garant de son authenticité, et on la trouve aujourd'hui aisément en magasins de diététique.

On l'utilise en pharmacie sous forme d'émulsion ; elle sert à la préparation des couleurs fines, des vernis, des savons, de la céruse.

Ses tourteaux (35 % de protéines) conviennent à l'alimentation du bétail ; on les utilise aussi comme engrais.

Remarques

Nous vous livrons maintenant quelques réflexions très intéressantes de W. Pelikan : *« La toxicité s'annule quand la papavéracée quitte le royaume aqueux-lunaire pour entrer dans le royaume solaire, quand sa graine se forme. Mais dès que cette graine germe dans l'ombre humide du sol, les liquides de la jeune plante se pénètrent à nouveau de poisons. » « Jetons encore un regard sur les huiles grasses des graines de papavéracées. Elles font partie des huiles que l'on appelle « non saturées », qui se combinent avidement avec l'oxygène de l'air, formant avec lui des vernis élastiques. En tant qu'aliment, de telles substances sont très importantes ; certaines, comme l'acide linoléique, ont un caractère de vitamines. De telles huiles se forment dans des plantes qui croissent en zone nordique, et d'autant plus abondamment qu'elles sont plus proches des pôles (lin, colza, noisetier fournissent de précieuses, de saines huiles de table). C'est l'influence d'une action solaire bien plus cosmique qu'ailleurs, qui les engendre. A l'opposé de ces huiles dont la haute valeur biologique est reconnue, nous avons les huiles saturées des plantes tropicales, beaucoup plus inertes. On voit, dans ce phénomène, comment la nature tropicale alourdit le cosmique. »*

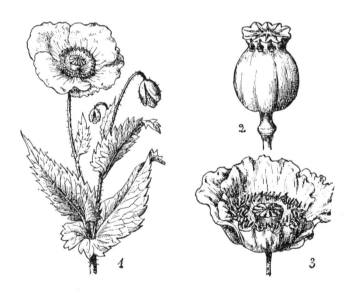

**1. Sommité de Pavot avec boutons et fleur ;
2. Capsule ; 3. Fleur ouverte**

OLIVE
Olea Europaea
Oléacées

Synonymes : olivier franc, ampoullaou, boucellaou, bouteillon, mouraou.

Composition et propriétés de la plante

Feuilles : eau : 75 % - chlorophylle - Ca, P, K, Mg, Si, Fe, Cl, S, Na - tannins - mannitol - sucres - substances résineuses - acides : malique, tartrique, glycolique, monocarboxylique, oléanolique - carotène, huile essentielle - saponines, hétérosides...

Elle est fébrifuge, hypotensive, hypoglycémiante, vasodilatateur, diurétique, hépato-rénal...

Formes d'emploi : décoction, extrait.

Fruits (pour 100 g) : lipides : 15 g, glucides : 3,5 g, protides : 1,6 g - eau : 73 g - cellulose : 1,6 g - vit. A, B1, B2, C, E et provit. A - Mg, Ca, Fe, Cu, Mn - glucoside amer (oleuropéoside) - acide oléalonique - glutation 80 mg - cire - résine - un méthypentose - diastases : émulsine, oléase...

L'olive est très nutritive, laxative, draineur hépatique et biliaire, énergétique, reminéralisante, émolliente, adoucissante, résolutive.

C'est un nutriment de toute première qualité, et il est tout à fait injuste de la consommer en accompagnement ou en garnitures. Elle est un excellent plat de résistance, bien connu du paysan provençal ou nord-africain qui la mangent simplement avec des oignons, quelques feuilles de salade et un morceau de pain.

Elle réclame une bonne mastication. Elle est recommandée aux diabétiques.

L'olive verte n'est pas une race d'olives, mais simplement un fruit vert indigeste et toxique. L'olive que l'on vient de cueillir est immangeable à cause de sa grande amertume, et il convient, pour la faire disparaître, de laisser mariner le fruit dans de l'eau salée (1/10e de sel marin gris pour 9/10es d'olives) durant 2 mois en bocaux semi-couverts et en prélevant de temps à autre la moisissure qui se forme en surface.

On peut aussi les exposer au soleil après les avoir saupoudrées de sel, ou bien encore en les soumettant à l'action de cendres bien criblées.

L'olive se prête à mille préparations culinaires : salades, pizzas, tartes, soupes, tapenade (purée d'olive)... Une fois désamérisée, elle a l'avantage de se conserver fraîche longtemps dans sa propre huile. Le bon docteur Leclerc vante les mérites de l'olive pochetée *« dont un séjour plus ou moins long dans les poches des vêtements a développé les qualités organoleptiques par suite de modifications biochimiques qui n'ont pas encore été étudiées. C'est un régal à la portée de toutes les bourses, particulièrement cher aux hidalgos que T. Gautier nous montre dînant de 3 olives pochetées et soupant d'un air de mandoline ».*

Propriétés et composition de l'huile

L'huile d'olive est sédative, purgative et cholagogue. Elle augmente la sécrétion biliaire et favorise l'expulsion des calculs ; son action calmante agit aussi par glissements. Elle est recommandée à tous les âges de la vie, et plus particulièrement aux nourrissons après leur allaitement et aux vieillards.

Elle est l'huile qui a les meilleurs effets hépato-gastro-entérologiques, car elle est la plus émulsionnable, donc la plus digeste.

Son apport en vit. E agit favorablement sur les organes génitaux, l'activité neuro-musculaire et évite certains eczémas, ulcères variqueux avec sclérose et le prurit vulvaire.

Sa pauvreté en acides gras poly-insaturés explique sa faible action en cas d'hypercholestérolémie. Elle a une action calmante et rafraîchissante sur la peau, et peut remplacer l'huile d'amandes douces dans les émulsions et les liniments.

Elle entre dans la préparation de nombreux produits pharmaceutiques : huiles médicinales, pommades, emplâtres, onguents... En médecine vétérinaire, elle sert de véhicule à de nombreux médicaments.

N.B. : elle aurait une action très curative sur la coqueluche (vit. E), d'après les travaux du professeur A. Raybaud sur l'action nulle de l'alphatocophérol synthétique.

Huile : acides : oléique 79 %, linoléique 7,5 %, arachidique 0,19 %, myristique 1,1 %, palmitique 9,7 %, stéarique... - vit. E, provit. A - chlorophylle, xanthophylle, phytostérol - carbures d'hydrogène - diastases...

Point de fusion : 5 à 7° cent. ; point de solidification : vers + 2° cent.
Température critique : entre 190 et 210°.
Acidité variable : pour une huile de première qualité : 30 à 60 %.
Indices : d'iode : très faible ; de saponification : 189 ; de réfraction : 1,47 (à 15°).
Insaponifiable : de 0,75 à 3 %.

Recettes et autres usages

L'huile d'olive est la meilleure de nos huiles de table ; c'est celle dont la composition lipidique s'approche le plus de nos nécessités en graisses ; c'est la plus riche en acide oléique et la plus pauvre en acides saturés. Elle rancit difficilement, et son point de fumée étant au-dessus de 200°, elle permet des fritures répétées (3 ou 4 après filtrage à chaque fois), sans noircir ni former d'acroléine, produit très toxique. Nous en déconseillons cependant la cuisson : la faire tiédir et la verser sur les aliments chauds à assaisonner.

Elle est inégalable pour les sauces de salades et la conservation des soupes ! Grâce à elle, nous avons fait des préparations se conservant des mois et des mois.

Sauce de salades : mettre dans un pot que l'on peut couvrir et dont on renouvellera les ingrédients au fur et à mesure de l'utilisation, sans jamais le laver : huile d'olive biologique, jus de citron, de pamplemousse ou d'orange, ou vinaigre de cidre ou d'hydromel, ail grossièrement haché, levure de bière, oignon nouveau ou échalotte, basilic, thym ou romarin ou carvi séchés, rondelles de bananes... Bien remuer avant de verser sur tous végétaux crus à consommer en salades.

Soupes : mettre dans un grand fait-tout émaillé une multitude de végétaux frais et crus (racines, feuilles, fleurs, tiges) ; poser sur feu très doux en un très lent mijotage en ajoutant sel marin gris, huile d'olive, herbes aromatiques. Le point de cuisson ne dépassera jamais 30 ou 50°. La soupe, pleine de végétaux vivants, simplement attendris, culottera peu à peu la marmite dont le contenu toujours disponible est sans cesse à faire retiédir : ses arômes et ses goûts se mouvementent perpétuellement. Au moment de consommer, on peut ajouter : crème fraîche, œuf, divers fromages...

Il est une très bonne cure à accomplir épisodiquement :

Remplacer de temps en temps, de quinzaine en quinzaine, le repas du soir par l'absorption d'un verre de plus en plus rempli d'huile d'olive (avec autant de jus de citron frais qu'il en faut pour en supporter la grasseté). S'allonger ensuite sur le côté droit durant une ou deux heures ; on opère ainsi un excellent ramonage du foie et de la vésicule biliaire, et un bon glissement des matières fécales.

Nous ne quitterons pas la gourmandise sans vous conseiller cette recette bonne-femme à base d'huile d'olive et de pommes de terre : jeter, dans l'huile bouillante (toujours en deçà de son point de fumée), des pommes de terre crues biologiques non épluchées, simplement coupées en 2, 4 ou 6 selon leur grosseur. Attendre qu'elles soient rissolées sur leurs faces libres, et ajouter alors de la sauce blanche. Servir comme un gâteau en passant l'huile restante.

*

*   *

L'huile d'olive trouve son emploi dans de nombreuses spécialités cosmétologiques. Le bois d'olivier est employé comme combustible, mais aussi en menuiserie et ébénisterie. Ce bois peut revaloriser tous les objets usuels : fourchettes, cuillers, saladiers, bougeoirs, compotiers. Il sert aussi aux sculpteurs qui, s'inspirant de la forme proposée par les troncs ou les rameaux, proposent leur propre état d'âme universalisé.

L'huile de moindre qualité a éclairé pendant des millénaires les maisons des hommes, et nous lui devons plus d'une pensée insomniaque et géniale ! Les résidus de coques — ou grignons — furent employés comme combustibles. Les noyaux sont utilisés dans l'industrie de la floriculture (fleurage) ; ils servent également en boulangerie pour isoler du four la partie supérieure du pain. On les utilise aussi comme matière première dans l'industrie des matières plastiques.

Quant aux racines, nous semblons jusqu'ici les avoir respectées : *« en un morceau minuscule de sa racine, l'olivier trouve la force de renaître, invaincu de lui-même »,* affirme Sophocle.

Remarques

L'olivier est le symbole de la paix depuis que la colombe apporta à Noé en son arche, un rameau d'olivier, ce gage de paix entre Dieu et les hommes. Et Jean Cocteau n'a pas tort de s'émerveiller : *« Un olivier n'est pas commode à prendre au piège. C'est un songe d'arbre, une fumée d'arbre et, en outre, un des travestis de Minerve. »* Minerve, ne l'oublions pas, était la déesse de la sagesse.

L'olivier est un arbre songeur qui, de par ses bienfaits et son statisme torturé, invite à la réflexion : c'est un sûr compagnon de toute vie humaine qui devrait sans cesse nous évoquer ce vers de Thomson : *« Ne coupez pas une fleur, car vous risquez de perturber la course d'une étoile. »*

N.B. : la consommation de l'huile d'olive représente seulement 4 % de celle mondiale des corps gras alimentaires.

Olive

PALME ou PALMISTE ou PALMIER

Elaeis guineensis - Monocotylédonacées ou Palmacées

Synonyme : palmier à huile.

Composition et propriétés de la plante

Fruit : pulpe : 25 à 45 % - noyau : 55 à 75 % - noix : 40 à 57 % du fruit - pulpe : 44 % d'huile + 34 % d'eau + 22 % de fibres - glucides, protides, vitamines, sels minéraux ? Sans doute, comme dans tous les oléagineux, mais nous n'avons trouvé nulle trace de son analyse complète.

Le fruit du palmier est nutritif. Cet arbre est une manne pour les habitants des pays tropicaux :

Ses amandes sont consommées fraîches et crues, ainsi que la pulpe des noix cuites à l'eau ou sur la braise ; son feuillage sert de matériel pour la construction des habitations ; son tronc propose une boisson rafraîchissante : le vin de palme.

Avec ses coques de noix, on fabrique des bagues ; le résidu de pressage des noix sert d'étoupe pour l'allumage des feux ; le cœur, ou chou palmiste, est consommé bouilli avec du sel contre la bronchite ; son suc de pétiole, chauffé au feu, sert à la cicatrisation des blessures.

Et il peut produire de l'huile : celle de palme, issue de la chair du fruit ; celle de palmiste, extraite de son noyau.

Propriétés et composition de l'huile

L'huile de palme est de couleur jaune à rouge brun ; de bonne qualité, elle possède une odeur et une saveur agréables. Elle est généralement extraite sur place dans les pays producteurs avec des moyens très rudimentaires, et son extraction nécessite de nombreuses opérations (fermentation, ébouillantement, pilage, chauffage, etc.) qui la font considérer, par beaucoup de diététiciens, comme néfaste ; le docteur Guierre en dit ceci : « *rejeter toute margarine ou tout produit à base de coco, palme ou palmiste (sauf exception ou constitution particulièrement robuste), ces corps gras, quoique consommables, étant dévitalisés par les nombreuses opérations chimiques (sans compter la qualité des graisses utilisées)* ».

88

La Vie Claire ne partage pas cette opinion comme le prouve ce texte extrait d'un de ces bulletins : « *Pour ce qui est des graisses végétales, il n'en existe pas, dans le commerce courant, qui ne soient composées d'huiles raffinées et qui ne soient hydrogénées.* »

« *C'est pourquoi La Vie Claire en a fait réaliser deux types différents, fort utiles pour la cuisine :*

1) une graisse végétale composée d'un mélange d'huile de palme, de karité, de beurre de palmiste. Les points de fusion de ces 3 graisses sont assez élevés pour que leur mélange soit solide à la température ordinaire sans qu'il soit nécessaire de recourir à l'hydrogénation ;

2) un produit végétal qui se compose d'huile de palme pure dont le point de fusion à 33° permet également d'éviter l'hydrogénation. Ces produits ne contenant pas de conservants chimiques ont une durée limitée et doivent être gardés dans le réfrigérateur. »

Quoi qu'il en soit, c'est une huile qui rancit facilement. Elle se présente toujours sous forme de pain, comme le beurre, en commerce diététique, ou encore conservée dans des pots. C'est souvent un mélange de palme et de palmiste.

*
*   *

Huile de palme : acides : stéarique 4 % ; palmitique 40 % ; myristique 3 % ; oléique 43 % ; linoléique 8 %.
Point de solidification : + 30 à 40°.
Indices : d'iode : 47 ; de réfraction : 1,45 (à 60°) ; de saponification : 202.
Insaponifiable : de l'ordre de 0,5 %.

L'huile de palmiste a une consistance légèrement granuleuse, une saveur douce et une odeur agréable ; elle rancit facilement mais moins vite cependant que l'huile de palme.

Huile de palmiste : acides : stéarique 2 % ; palmitique 7 % ; myristique 14 % ; laurique 52,5 % ; oléique 14 % ; linoléique 0,5 % ; caprique 4 % ; caprilique 3 %.
Point de solidification : entre 23 et 30°.
Indices : d'iode : 20 ; de réfraction : 1,44 (à 60°) ; de saponification : 250.
Insaponifiable : de l'ordre de 0,5 %.

Recettes et autres usages

L'huile de palme a un point de fumée très élevé : 240°. Elle conviendrait donc tout particulièrement pour les fritures. En cet usage, elle peut être réutilisée 3 ou 4 fois. Elle a le désavantage de se figer, ce qui ne rend pas les restes très appétissants. C'est une des rares huiles végétales composée à parts presque égales d'acides saturés et insaturés ; elle se rapprocherait donc plus de la composition des néfastes graisses animales.

Quant à l'huile de palmiste, pour le docteur Guierre, sa composition rappelle celle du saindoux et elle ne vaut guère mieux que lui.

Toutes deux sont employées pour la fabrication des margarines et graisses végétales d'alimentation.

Elles trouvent aussi utilisation en savonnerie, dans le traitement du fer avant étamage et pour le laminage des tôles minces. Les tourteaux de palmiste seraient bons pour le bétail.

Remarques

Le culte de la palme est aussi répandu en Orient que le fut celui du gui en Gaule : les Orientaux considèrent le palmier comme un arbre solaire. En Occident, l'arbre solaire par excellence serait l'olivier.

N.B. : la consommation de l'huile de palme et de palmiste représente, avec celle du coprah, 16,3 % de la consommation mondiale des corps gras alimentaires.

PIGNON ou PIN PARASOL
Pinus pinea
Abiétacées

Synonymes : pin pinier ou de pierre ou d'Italie.

Composition et propriétés de la plante

Pignon (pour 100 g) : protides : 12,5 g - lipides : 60 g - glucides : 20 g - eau :
5 g - vitamines - sels minéraux.
N.B. : nous n'avons trouvé nulle trace d'analyse complète du pignon.

Le pignon est très nutritif et digeste. Comme beaucoup de graines
oléagineuses (sésame, lentisque, térébinthe...), le pignon n'a guère fait l'objet
d'analyses dans nos pays occidentaux. On le considère à tort comme un
aliment d'accompagnement destiné à diverses pâtisseries. Or, il est
certainement aussi intéressant sur le plan diététique et naturopathique que
l'amande ou la noisette. C'est un aliment énergétique à consommer en plat
principal. Les pignons ont une saveur extrêmement fine et agréable ; on
peut les manger seuls ou les semer nature ou légèrement grillés et chauds
sur les salades vertes ou dans les potages. On peut aussi s'en servir pour
composer des galettes ou garnitures de tartelettes. On a intérêt à les absorber
très frais car ils rancissent assez vite et deviennent alors très indigestes. En
thérapeutique, ils furent longtemps considérés comme aphrodisiaques ; on
les a utilisés contre la phtisie, les ulcères, les sels âcres des humeurs et du
sang, les toux invétérées et les affections humides des poumons.

*
* *

Propriétés et composition de l'huile

L'huile de pignon est de couleur jaune clair, de saveur douce et à peu
près inodore ; elle a l'inconvénient de rancir rapidement.
Nous n'avons trouvé nulle trace d'analyse de ses composants.
Point de solidification : — 20°.
Indices : d'iode 118 à 125 ; de saponification 195 ; de réfraction 1,46 (à
40°).
Insaponifiable : de 0,5 à 2 %.

Recettes et autres usages

Cette excellente huile de table n'est absolument pas utilisée dans nos régions ; on l'utilise encore en Orient et Moyen-Orient. Elle est excellente sur les salades et les crudités.

Ses tourteaux conviennent à l'alimentation du bétail.

Remarques

Le pin parasol est dispersé sur tout le littoral méditerranéen ; on en trouve en France jusqu'au bord de la Loire. Mais ses pignons ne sont jamais récoltés dans nos régions à cause des trop lourdes charges sociales que nécessiterait leur cueillette. Ils sont donc importés des pays dits sous-développés.

Steiner recommande de comparer dans l'enseignement les degrés du règne végétal avec les différents âges de l'enfant : « *C'est avec les conifères* (dont le pin parasol) *que doit être comparé l'âge qui précède immédiatement la scolarité, donc avant la seconde dentition. A cet âge-là, les forces de l'âme sont encore, à un haut degré, liées au corps tout comme l'impulsion de fleurir chez les conifères. Ce n'est qu'avec la seconde dentition qu'elles commencent à se dégager. Elles rendent alors l'enfant capable d'apprendre dans le sens scolaire.* »

N.B. : on trouve actuellement en magasins d'alimentation saine une graisse végétale à base d'amande, de noisette, de noix et... de pignons.

Raisin ⟶

RAISIN

Vitis vinifera
Vitacées

Synonymes : lambrusque, vigne sauvage ou vinifère.

Composition et propriétés de la plante

Fruit frais (pour 100 g) : glucides : 16,6 g - lipides : 0,7 g - protides : 0,9 g - vit. A, B1, B2 et C - Ca, Cl, Cu, Fe, I, Mg, Ph, K, Na, S, Zn - cellulose : 0,4 g.

Pépins secs : eau : 7 à 9 % - protéines : 11 à 13 % - lipides : 6 à 22 % - matières extractibles non azotées : 35 à 47 % - fibre brute : 20 à 36 % - cendres : 1,5 à 3 %.

Le raisin est un fruit nutritif, digeste, énergétique, reminéralisant, détoxicant, rafraîchissant, stimulant, décongestionnant hépatique, diurétique, laxatif, rajeunissant cutané, très favorable à la fonction cardiaque.

En usage externe, on utilise son jus pour les soins du visage. En usage interne, on l'emploie dans : convalescence, anémie, déminéralisation, grossesse, surmenage, asthénie, états aigus fébriles, congestion de la rate et du foie, tempéraments bilieux ou sanguin, arthritisme, rhumatisme, lithiase, pléthore, obésité, œdème, néphrite, azotémie, intoxications, dyspepsies, constipation, entérites, dermatoses, faiblesse cardiaque... On le surnomme lait végétal car sa composition s'approche beaucoup de celle du lait de femme.

Avec ses feuilles fraîches ou séchées, on fait d'excellentes préparations culinaires : feuilles de vigne farcies au pâté végétal, au riz complet et aux herbes. On s'en sert aussi en infusions contre la dysenterie, la diarrhée, les hémorragies, les rétentions d'urine, la goutte, la jaunisse, les vomissements, les troubles circulatoires de la puberté et de la ménopause, la couperose, les varices.

Le fruit est utilisé sous forme de jus et de vinaigre. Les bienfaits du vin biologique, en très petite quantité, ne sont plus à vanter. Une mono-diète de raisins frais est tout à fait conseillée durant le mois de septembre. Et qui ne connaît le très bon apport nutritif, durant les mois d'hiver, des délicieux raisins secs que l'on fait tremper toute une nuit afin de leur restituer l'eau qu'ils avaient à maturité, et de les rendre ainsi aisément digestes.

Propriétés et composition de l'huile

L'huile de pépins de raisin est une huile fluide, de saveur douce, de couleur claire, inodore. Depuis quelques années, on la trouve aisément en magasins de diététique. On s'en sert généralement davantage pour la cuisson que pour la préparation des salades ou des crudités car elle n'a aucun goût spécifique.

Huile de pépins : acides : linoléique 40 à 45 % ; oléique 20 à 30 % : palmitique 19 % ; stéarique 7 %.
Point de solidification : — 10 à — 24°.
Indices : d'iode : 106 ; de saponification : 194 ; de réfraction : 1,46 (à 15°).
Insaponifiable : de 0,5 à 2 %.

Recettes et autres usages

Bien qu'on ne trouve l'huile de pépins de raisins qu'en commerce diététique, elle est très contestée par la plupart des diététiciens : elle est obtenue à chaud ou par dissolution, et toujours raffinée ; il en est ainsi à cause du peu de pépins obtenus (200 kg de pépins humides pour 1 t de marc) qui doivent rendre toute leur huile pour que leur exploitation soit rentable.

Gustativement, nous l'avons utilisée avec bonheur, surtout dans les fritures, car elle ne leur confère aucun goût. Des frites mangées froides, trois · jours après leur cuisson dans son huile, étaient encore très bonnes.

Pommes de terre bonne-femme : couper en deux, trois ou quatre (selon leur grosseur) des pommes de terre biologiques simplement lavées, puis essuyées (bien sûr non épluchées) ; les jeter crues dans l'huile de pépins ; les retourner de temps en temps, les sortir bien moelleuses à l'intérieur, leur peau craquante et bien dorées sur une face.

C'est une bonne huile d'éclairage. On l'utilise aussi en savonnerie et dans l'industrie des peintures. Ses tourteaux ont une faible valeur alimentaire et sont employés en tant que combustible.

Remarques

C'est l'huile diététique la meilleur marché, souvent utilisée pour les fritures à la place de l'huile de palme qui a le désavantage de se solidifier en refroidissant, ce qui ne rend pas les restes très appétissants.

SESAME
Sesamum indicum
Pédalinacées

Synonymes : sésame indien ou africain.

Composition et propriétés de la plante

Graines : protéines : 22 % (riches en acides aminés essentiels) - lipides : 52 % - glucides - sels minéraux : 5 % (dont Mg) - vitamines.

Les graines de sésame sont très nutritives, énergétiques, digestes, reminéralisantes, favorables à la mémoire et à l'entendement.

Le sésame est en effet aussi riche que le soja en lécithine, nutriment essentiel pour le système nerveux, le cerveau, les glandes endocrines. Il serait aussi très riche en sels minéraux et oligo-éléments (surtout en magnésium), mais nous n'avons trouvé trace d'analyse complète.

Cette petite graine oléagineuse, l'une des plus anciennement cultivées, est particulièrement gustative et digestible. Elle trouve peu à peu, dans nos pays occidentaux (elle serait originaire d'Inde), la place qu'elle mérite grâce à la vente qu'en assurent les magasins de diététique sous forme d'huile de table, de graines à cuire ou à griller pour les semer sur les gâteaux, les potages, les crudités, ou bien encore pour les consommer sans accompagnement.

*
* *

Elle entre aussi dans la préparation de galettes de céréales ; elle compose avec le sel marin gris le délicieux gomasio, prôné par la macrobiotique.

On la vend sous forme de purée (tahin) ; on la trouve aussi dans le kokoh et le blomuésil.

Un proverbe indien affirme qu'il vaut mieux déguster chez soi, tout petit qu'il est, un demi-grain de sésame *(tilàrdham)* qu'avaler une nourriture copieuse dans la maison d'autrui.

Propriétés et composition de l'huile

L'huile de sésame de première pression à froid est jaune clair, de saveur douce, inodore et inaltérable à l'air. Bien préparée, elle rancit difficilement et se conserve longtemps.

95

Sa richesse en lécithine la rend d'un bon apport pour la constitution des cellules nerveuses et cérébrales (voir notre fiche *Soja*). Elle conviendrait tout particulièrement aux personnes déprimées.

Huile : acides : palmitique : 9 % ; stéarique : 4 % ; arachidique : 1 % ; oléique : 46 % ; linoléique : 44 % ; lignocérique : traces.
Indices : d'iode : 112 ; de saponification : 191 ; de réfraction : 1,47 (à 15°).
Insaponifiable : de 1 à 2 %.
Point de solidification : 0°.
Point de fumée : entre 180 et 190°.

Recettes et autres usages

C'est une bonne huile de table, légère et fluide, particulièrement délicieuse avec les salades à goût très prononcé comme le mesclun provençal.

On peut aussi s'en servir d'ingrédient dans la préparation de galettes : pour 100 g : riz cuit *al dente* (60 g), grains de sésame grillés (20 g), miel toutes plantes (10 g), le tout lié avec un œuf battu.

On peut l'utiliser aussi pour les soins de la peau et des cheveux.
Elle entre dans la préparation de nombreux corps gras de commerce courant.

Ses huiles de seconde et troisième pression trouvent leur utilisation en savonnerie. Ses tourteaux fournissent de très bons aliments pour les vaches laitières et les animaux à l'engraissement. On s'en servait aussi pour l'éclairage et pour la falsification des huiles d'olive. Ses aptitudes à assimiler les parfums ont un bon usage dans la fabrication des huiles antiques. La parfumerie l'emploie pour l'extraction des parfums des fleurs par l'enfleurage.

Remarques

Dans les cérémonies funéraires, en Inde, le sésame représentait le principe même de la vie. L'une des offrandes funéraires est dite « *des six sésames* » et était ainsi orchestrée : 1) ôter le sésame de l'eau dans laquelle on l'avait lavé ; 2) étendre le sésame pour en former une pâte dont on se frottait le corps ; 3) placer du sésame humecté de beurre sur le feu du sacrifice ; 4) offrir le sésame aux trépassés ; 5) manger de ce sésame ; 6) jeter le reste du sésame pour assurer provende aux corbeaux.

Et nul d'entre nous n'ignore la formule magique d'Ali Baba qui lui ouvre la grotte aux trésors, le fameux *« Sésame, ouvre-toi »* !

N.B. : l'huile de sésame couvrirait actuellement 75 % de la production mondiale des corps gras alimentaires et autres.

SOJA *Soya hispida*
Papillionacées

Synonymes : soya, haricot d'Asie, fève à lait et à huile.

Composition et propriétés de la plante

Graines entières sèches (pour 100 g) : eau : 7,5 g - protides : 35 g - lipides : 18 g - glucides : 30 g - vit. A, B1, B2, B3 (PP), D et E - S, P, Cl, Na, K, Mg, Ca, Fe, Zn, Cu, Mn, I...

Le soja est très nutritif, énergétique, reminéralisant, rééquilibrant cellulaire. C'est un nutriment très riche dont les propriétés exceptionnelles le font classer en seconde position, aussitôt après le blé.

Aliment complet au même titre que le blé ; sa farine serait 20 fois plus riche en matières grasses et 4 fois plus riche en azote que celle du froment. Si l'on s'en tient au proverbe turc *« Mange ce que mangeaient tes pères »*, le soja reste pour nous un nutriment exotique.

On peut le consommer en grains en le faisant cuire, à la manière des lentilles, ou germé. Nous avons connu un cuisinier chinois qui faisait pousser sous son lit, dans des bacs à sable, les pousses de soja destinées à la clientèle de son restaurant.

Les pousses de soja crues en salades sont particulièrement digestibles et rafraîchissantes ; certains les font cuire à l'eau ou griller à la poêle. Les Orientaux végétariens ont mille manières de préparer le soja : notre ami musicien Trang Quang Hai nous fit un soir, aidé de son épouse, un dîner qui avait demandé 3 jours de préparation : macérations, décoctions, infusions à base de soja, de riz, de gingembre qui n'avaient rien à envier au repas composé en 1962, à Paris, par le secrétaire de l'Institut du soja : pain, vermicelle, filet, rognon, boulette, escalope, jambonneau, germes sautés et en salades, gâteau et café, tout cela uniquement composé avec du soja.

N.B. : le tamari (jus de soja concentré par fermentation - durée 3 ans) serait le nutriment le plus riche en protéines aisément assimilables ; c'est un reconstituant particulièrement robuste qu'il faut absorber avec parcimonie en le mâchant longuement (une cuillerée à café par jour). C'est un remède particulièrement efficace contre les maux de tête et les névralgies qui ne seraient souvent qu'un signal d'acidification de l'organisme, bien causalement combattu par le basifiant tamari.

Propriétés et composition de l'huile

L'huile de soja est fluide et d'un jaune plus ou moins foncé suivant la nature des graines et les procédés d'extraction ; fraîche, elle a une saveur assez prononcée de haricot qui s'atténue peu à peu.

C'est une excellente huile de table que sa teneur en acide linolénique rend fragile à chaud. Elle est une bonne source de vit. A bien protégée de l'oxydation par la vit. E qu'elle contient aussi. Sa richesse en acide gras essentiel (acide linoléique) la met au premier rang après l'huile de tournesol (voir cette fiche) et comme elle, la rend très intéressante dans les cas d'hypercholestérolémie et d'artériosclérose.

De plus, sa richesse en lécithine la rend précieuse pour la reconstitution des cellules nerveuses et cérébrales. On la recommande aux nerveux et aux diabétiques. Sa bonne digestibilité en fait une bonne remplaçante de l'huile d'olive pour ceux qui ne la tolèrent.

Huile : acides : stéarique 3 % ; palmitique 9 % ; arachidique 1 % ; lignocérique 0,1 % ; oléique 29 % ; linoléique 50 % ; linolénique 5 % - vit. A et E.
Indices : d'iode : 130 ; de saponification : 190 ; de réfraction : 1,47 (à 15°).
Insaponifiable de 0,5 à 2 %.
Point de solidification : — 10°.

Recettes et autres usages

L'huile de soja est donc tout à fait décommandée pour la cuisson. Elle accompagne très bien, avec un filet de citron, d'orange ou de pamplemousse, les salades et les crudités. Elle s'accomplit bien avec le vinaigre d'hydromel. On l'utilise aussi pour la confection des mayonnaises.

Sa vente est aujourd'hui devenue courante en magasins de diététique.

L'utilisation de son huile ou de ses résidus propose des utilisations tout aussi innombrables que celles de ses graines en alimentation : caoutchoucs synthétiques, peintures, savons, ferments lactiques, tourteaux, engrais, matières plastiques, caséine, enduits, laine artificielle, spécialités pharmaceutiques et cosmétologiques, imperméabilisation (laques, noyaux de fonderie...), huiles d'éclairage ou de chauffage, produits de craquage, etc.

Remarques

La nature nous offrant des nutriments aussi remarquables que le soja, le blé, les autres céréales, les oléagineux, aisément transformables, conservables et transportables, on est en droit de se demander pourquoi les deux tiers du monde meurent de faim et le tiers que nous sommes de carences et de pléthores... La vie est sans aucun doute l'écrin de l'amour, de la bonté, de l'harmonie, mais si peu ont envie de le sertir.

N.B. : la consommation de l'huile de soja représente 24,2 % de celle mondiale des corps gras alimentaires.

SOUCHET
Cyperus esculentus
Cypéracées

Synonymes : amande de terre, chufa, souchet comestible.

Composition et propriétés de la plante

Tubercules : lipides - glucides - protides - vitamines - sels minéraux.

Nous n'avons trouvé trace d'analyse complète de cette plante herbacée vivace dont la culture est aujourd'hui pour ainsi dire abandonnée. Elle n'est plus guère exploitée que dans une région d'Espagne (près de Barcelone), en Afrique du Nord et Afrique tropicale ainsi que dans une petite partie du Sud des Etats-Unis.

Ce sont ses bulbes de racine que l'on consomme. Leur saveur sucrée et douce rappelle celle de la noisette. On les récolte en septembre pour les consommer crus et secs.

Ils sont très nutritifs, digestibles, reminéralisants et leurs pouvoirs énergétiques seraient presque semblables à ceux de l'olive (voir cette fiche).

Propriétés et composition de l'huile

Cette excellente huile de table dont les Egyptiens, il y a déjà 4 000 ans, faisaient plus de cas que de celle de l'olive, a totalement disparu de nos marchés. Il serait heureux que nos cultivateurs biologiques s'en réemparent : sa culture est plus simple et aussi rentable que celle de l'olivier. De surcroît, cette plante risque moins que lui d'être tuée par le gel ou les incendies.

Nous n'attaquons pas ici l'olivier, arbre que nous trouvons tout à fait admirable de par sa morphologie, sa présence, son port et ses fruits.

Cette huile est jaune d'or avec une odeur et une saveur légères et agréables.

Sa richesse en acides insaturés en fait une huile aisément assimilable, si son extraction est bien menée.

Huile : acides saturés : 18 % (palmitique 12 % ; stéarique 5 % ; myristique : traces) - acides non saturés : 80 % (oléique 73 % ; linoléique : 6 %). Indices : d'iode : 81 ; de saponification : 192 ; de réfraction : 1,46 (à 20º). Insaponifiable : voisine de 0,6 %.

Remarques

Lors de la rédaction de notre premier ouvrage sur les végétaux sauvages nutritifs (1) dans lequel nous avons représenté le souchet, on nous avait signalé sa présence à l'état subspontané dans certaines régions de Basse-Provence que nous avons sillonnées afin de le peindre d'après nature. En vain : de récents incendies avaient consumé leurs derniers îlots. Et nous attendons avec patience d'avoir un jour la joie de croiser cet élégant souchet à feuilles longues et minces, à petites fleurs jaunes.

**Tabac rustique
avec ses fleurs**

Fleur de tabac

---

1. *Se nourrir de... rien* (Ed. Maloine).

TABAC

Nicotiana tabacum
Solanacées

Synonymes : grand tabac, tabac mâle, tabac vrai, tabac de Floride ou de Virginie, nicotiane, herbe à l'ambassadeur, tornabone, herbe sacrée, herbe sainte, herbe du grand prieur, herbe à la sainte-croix, pontiane, panacée antarctique, herbe à la reine, angoumoisine, jusquiame du Pérou.

Composition et propriétés de la plante

Feuilles : amidon - acides : malique, citrique, fumarique, succinique, oxalique, acétique, butyrique, gallique, lactique, caféique, quinique, chlorogénique, nicotinique - asparagine, pectine, tannin, lévulose, bétaïne, isoamylamine, gomme, substances résineuses, paraffine, essence, cétone, bornéol, cellulose, carotène, linanol, phénols, rutoside, phosphates, nitrates, sels d'acides organiques - et nicotine...

Graines : eau : 4 % - protéines brutes : 25 % - cellulose : 19 % - matières extractives non azotées : 10 % - cendres (sels minéraux) : 4 % - acides : citrique, fumarique, malique...

Nul n'ignore les conséquences provoquées par le tabagisme : angine de poitrine, catarrhes des voies respiratoires, dyspnée, gingivite, cancer, vertiges, hallucination, perte de mémoire, pharyngite, dilatation et hypertrophie du cœur, perte du goût, de l'odorat et de l'acuité visuelle...

Cela dit, le tabac qui provoque des crises d'asthme chez un fumeur peut apaiser celles de celui qui ne fume pas : rien n'est mauvais en soi, c'est l'excès qui est néfaste.

En médecine, le tabac fut employé bénéfiquement comme vermifuge et antiparasite (gale, teigne), et en lavement et décocté dans les occlusions intestinales, les dysenteries, les coliques de plomb, les hernies étranglées.

Son jus est un puissant insecticide qui trouve son utilisation en agriculture, et il se trouve que ses graines peuvent fournir une huile qui serait tout à fait propre à notre alimentation.

Propriétés et composition de l'huile

Cette huile qui peut être extraite à froid n'est utilisée qu'en temps de disette. Nous n'avons trouvé nulle indication quant à son apparence, son

103

goût ou ses qualités, mais il nous semble intéressant de la signaler dans notre ouvrage : le tabac mériterait mieux que de disparaître en fumée.

Huile : acides saturés : 10 % (palmitique, stéarique) - acides non saturés : 85 % (oléique 22 % ; linoléique 60 %,...) - vit. A et E - à l'état de traces (analyses très contestées) : substance pyridinique et nicotine.
Indices : d'iode : 132 ; de saponification : 190 ; de réfraction : 1,47 (à 20°). Insaponifiable : de 1 à 2 %.

Recettes et autres usages

Nous ne pouvons vous donner de recettes spécifiques à propos de cette huile que nous n'avons jamais pu goûter, mais sa teneur en acides non saturés, la présence de vitamines A et E et de cendres même en infime partie (sels minéraux), sembleraient en faire une bonne huile de table aisément assimilable.

L'huile extraite par pression à froid aurait un goût et une odeur agréables (Paul Mensier) ; quant à la nicotine que certains auraient trouvée dans son analyse à l'état de traces, cette affirmation est très contestée mais mériterait des recherches plus approfondies.

Cette huile a déjà trouvé son utilisation comme huile d'éclairage, dans la fabrication des peintures, des résines glycérophtaliques ; ses tourteaux très riches (35 % de protéines) seraient très bien acceptés par le bétail qui n'en aurait jamais subi aucune conséquence fâcheuse.

Remarques

Certains ont nommé le tabac « *herbe du diable* », d'autres « *herbe sainte* » et cette réflexion de Rudolf Steiner peut faire comprendre cet antagonisme : « *Dans le tabac, l'astral est descendu trop tôt et trop bas dans le physique, il s'y est comprimé, et il entraîne une partie des processus végétaux dans le domaine de l'air, qui est l'élément astral. Cependant, il n'en résulte aucune déformation du système rythmique foliaire. Quelque chose d'astral, quelque chose de cosmique, a été emprisonné par la plante — comme l'esprit dans le flacon du conte. Mais, contrairement à ce qui se passe chez les Solanées, le flacon du bouchon est enlevé ; ce qui est captif redevient libre, environne la plante d'une aura de vapeur, sans aucunement s'imprimer dans la forme végétale.* » Ni dans la graine...

TOURNESOL
Helianthus annuus
Composacées

Synonymes : soleil, grand soleil, hélianthe annuel, fleur de soleil, couronne du soleil, soleil des jardins, girasole, graine de perroquet.

Composition et propriétés de la plante

Fleurs : glucoside flavonique - constituants basiques (choline, bétaïne) - acide solanthique - xanthophylle - kryptoxanthine - lutéine - taraxanthine - carotène...

Tige : glucoside - cellulose - acide solanthique - complexe galacturonique - calcium...

Graines (pour 100 g) : eau : 5 g - protides : 27 g - lipides : 43 g - glucides : 20 g - cellulose : 2,7 g - vitamines - cendres (P, K, Si, Mg, Ca, Na, Cl, S, Fe...).

L'homéopathie utilise le tournesol sous forme de teinture-mère contre les affections de la rate, le paludisme, les états fébriles. Son extrait alcoolique de fleurs et de feuilles est employé comme fébrifuge surtout contre la malaria des jeunes enfants.

En Russie, l'usage populaire emploie ses fleurs et ses feuilles contre les affections de la gorge et des voies respiratoires.

L'émulsion de ses graines servit comme diurétique et désobstruant pour débarrasser les muqueuses de leurs mucosités (gonorrhée) et aussi en cataplasmes dans les cas de rhumatismes et d'érysipèle (Fournier).

Originaire d'Amérique et introduit en Europe au XVIe siècle, le tournesol fut longtemps considéré comme plante seulement ornementale et, aujourd'hui, les bienfaits nutritifs de ses graines le font justement comparer aux oléagineux de première qualité comme l'amande ou la noix. Ses graines, fraîches ou séchées, après décorticage, ne font pas seulement la joie des hamsters ou des perroquets mais aussi de bien des populations du monde qui les consomment comme les cacahuètes ou les noisettes.

Ses jeunes capitules, avant épanouissement, peuvent être consommés à la manière des artichauts cuits. Ses feuilles séchées font des cigares très appréciés. Les porcs, les chèvres, les lapins se délectent de ses feuilles fraîches ainsi que les moutons et les veaux de ses feuilles séchées.

Dans les régions marécageuses, on le cultive pour assécher les sols, déshumidifier l'air et combattre la malaria. Avec la moelle de ses tiges, les Chinois fabriquent des bouées et ceintures de sauvetage, des poupées, du papier... Ses graines grillées peuvent être semées sur les salades ou les pâtisseries et, réduites en farine, elles se révèlent panifiables.

C'est aussi une plante particulièrement mellifère.

Propriétés et composition de l'huile

Son huile de première pression à froid est de saveur douce, d'odeur légère et agréable ; sa couleur varie entre le jaune pâle et le jaune orangé.

Sa richesse en acide gras essentiel qu'est l'acide linoléique exerce une action sur la peau, les muqueuses, sur le système endocrinien et nerveux.

Son activité est surtout remarquable en cas d'hypercholestérolémie et d'athérosclérose (posologie : 2 cuillerées à soupe au lever et avant le dîner — ne pas abuser car cet excès peut se transformer en manque). En fait, son effet est notable dans toutes les maladies dégénératrices cardio-vasculaires dues le plus souvent au sédentarisme et à une trop forte consommation de graisses d'origine animale ou d'aliments carnés.

Son apport en tocophérols (vitamine E) n'est pas négligeable et agit favorablement sur les fonctions génitales ; on lui reconnaît aussi des propriétés antioxygènes.

C'est une très bonne huile de table dont le peu de goût ne nuit pas aux préparations subtiles. Pour les préparations chaudes, il vaut mieux la faire tiédir sans ébouillantement.

Elle est à la base de quelques spécialités diététiques.

*
* *

Huile : acides : palmitique 11 % ; stéarique 2 % ; arachidique 1 % ; oléique 30 % ; linoléique 62 % - vit. E.
Indices : d'iode : 132 ; de saponification : 190 ; de réfraction : 1,47 (à 20°).
Insaponifiable : de 0,3 à 1,2 %.
Point de solidification : entre — 16 et — 18°.
Point de fumée : au-dessus de 170°.

Recettes et autres usages

Un jeune traiteur de Paris, dont les spécialités étaient surtout les poulets à la broche et les frites, nous avoua un jour confidentiellement : *« ne pas faire cuire ses pommes de terre avec de la saloperie de saindoux ou des huiles de vidange, mais avec de l'huile de tournesol de première pression à froid... ».* Pris d'un léger doute à cause de l'odeur de friture qui commençait à pénétrer nos vêtements, nous lui avons posé une question : *« Combien de temps conservez-vous cette huile dans la friteuse ? » « De 4 à 6 mois... C'est de la bonne huile, mais je la passe souvent... »*

De 4 à 6 mois durant 8 heures, cinq jours par semaine ! Que devaient être délicieuses ces pommes de terre non biologiques ! Et c'était un commerçant qui avait un peu réfléchi. Nous ne parlerons pas de ces autres qui profusent leurs cornets aux abords des gares... La moutarde, en abondance, éteint le goût morbide de leur production.

C'est une huile que nous vous conseillons d'avoir toujours à portée d'une main nutritionnelle : elle est légère, fluide, et accompagne bien toutes préparations.

Ses tiges, après rouissage, fournissent une filasse utilisable. Ses capitules égrenés donnent, en se décomposant, un fumier très riche. Son huile entre dans la fabrication des margarines et des graisses végétales. On l'emploie aussi pour la confection des peintures et vernis. Son tourteau, provenant de graines décortiquées, constitue un aliment remarquable pour le bétail à cause de sa richesse en protides.

Nous vous rappelons aussi la haute qualité de sa farine.

Remarques

Pour Rudolf Steiner, le tournesol est une plante médiante qui entraîne, avec force et essoufflement, la pesanteur vers la grâce. Ses effets dans la malaria, prédisposition maladive égotique, proposent dans l'organisme une modification où le Moi ne trouve plus son support nutritionnel. Ce serait donc une plante élevante... Affirmation que semblent justifier les bienfaits de son huile qui assouplit les rives du véhicule de la pensée : le sang.

N.B. : la consommation de l'huile de tournesol représente 8,6 % de celle mondiale des corps gras alimentaires.

Le tournesol

quelques autres huiles alimentaires

Branche de thé
(voir page 130)

ABRICOT

Prunus armeniaca
Rosacées

Synonyme : prune d'Arménie.

Propriétés et composition de l'huile

Amande : huile fixe : 40 à 50 % - invertine, aleurone, glucose, asparagine, mucilage, phytostérine, cholestérine, conglutine (caséine végétale avec phosphore), amygdaline (principe toxique qui, sous l'action de l'émulsine, met en liberté de l'acide cyanhydrique)...

Ce principe toxique de l'amande de l'abricot est décomposé par volatilisation ou par dissolution au cours de l'extraction, et l'on obtient alors une très bonne huile de table qui sert souvent à falsifier l'huile d'amandes douces. C'est une huile extraite par pression à température assez basse des amandes séchées, souvent débarrassées de leur tégument.

Elle est fluide, de couleur jaune, sans goût et sans odeur. Elle rancit assez facilement. On la trouve rarement pure. Elle est souvent mélangée d'huile de pêche, de prune ou de cerise extraites en même temps. La composition et les propriétés de ces huiles lui sont très voisines.

L'huile d'abricot est employée en parfumerie, en pharmacie. Ses tourteaux ne conviennent pas à l'alimentation du bétail à cause de l'amygdaline qui s'y est déposée ; on les utilise comme engrais. Ses coques d'amande peuvent servir de combustibles.

Huile : acides non saturés : 90 à 95 % (oléique 2/3 ; linoléique : 1/3) - acides saturés : 5 à 10 % (palmitique, stéarique, lignocérique).
Point de solidification : — 20°.
Indices : d'iode : 105 ; de réfraction : 1,46 (à 20°) ; de saponification : 185.
Insaponifiable : inférieur à 1 %.

Remarques

L'huile d'abricot est une bonne huile de table qui convient aussi à la cuisson. Son défaut est de rancir aisément et d'être introuvable dans le commerce courant ou diététique. Les abricots servant souvent à la fabrication de confitures ou de marmelades, elle reste une bonne utilisation de leur résidu de noyau. L'amande peut être aussi utilisée pour les liqueurs (eau de noyau).

N.B. : l'abricotier est, hélas ! l'un des végétaux les plus traités par la chimie industrielle : plus de 80 produits chimiques sont autorisés de sa culture à la conservation de ses fruits (1). Il serait très heureux de retrouver en quantité des abricots biologiques à goût succulent et d'un très bon apport nutritif... ainsi que l'huile de leur amande !

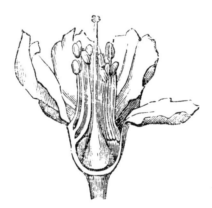

Fleur ouverte de l'abricotier

---

1. A. Roig : *Dictionnaire des Polluants alimentaires* (CEVIC).

CAJOU ou ACAJOU

Anacardium occidentale
Anacardiacées

Synonymes : anacarde, anacardier.

Propriétés et composition de l'huile

Amande (pour 100 g) : eau : 3,6 g - glucides : 26 g - lipides : 48 g - protides : 19 g - Ca, Fe, P, K, Na, S, Zn - vitamines...

L'huile de noix de cajou est une huile fluide de couleur jaune pâle, inodore et à saveur très onctueuse. L'anacardier est un arbre des pays tropicaux et si ses fruits font aujourd'hui l'objet d'exportation, son huile n'est consommée que dans les pays d'origine.

De ses coques, on extrait une autre huile (mais non comestible) destinée à la fabrication des vernis. Sa tige fructifère est considérée elle-même comme un fruit : saveur fraîche, acidulée (poire d'acajou), et son jus donne une très bonne liqueur. Sa résine sert aux mêmes usages que la gomme arabique. Sa graine est un excellent nutriment. Très bons tourteaux.

Huile : acides saturés : 17 % (stéarique, palmitique) - acides insaturés : 82 % (oléique, linoléique).
Indices : d'iode : 76 ; de saponification : 179 à 200 ; de réfraction : 1,46 (à 40°).
Insaponifiable : inférieur ou égal à 1,5 %.

Remarques

L'huile de noix de cajou est une huile de table très savoureuse et bien équilibrée diététiquement ; il est regrettable de ne pouvoir la déguster sous nos climats. Ses noix, que l'on trouve maintenant aisément dans le commerce, seront peut-être bientôt transformées en huile ?

LES CITRUS :

ORANGER *Citrus aurantium*
PAMPLEMOUSSIER *Citrus decumana*
CITRONNIER *Citrus medica*
MANDARINIER *Citrus nobilis*   Rutacées

Les pépins de tous les fruits du genre Citrus contiennent une bonne proportion de matières grasses. On ne peut les considérer comme des oléagineux commercialement exploitables mais on pourrait utiliser à ces fins de grandes quantités de pépins grâce aux résidus laissés par les confitureries, les fabriques d'essence et de jus de fruits.

Sachons cependant que ces 4 huiles nécessiteraient un raffinage pour éliminer leurs principes amers.

Caractéristiques générales de ces huiles

Orange :
Teneur en huile : du pépin entier : 30 % ; du pépin décortiqué : 40 à 55 %.
Huile fluide jaune d'or, à odeur caractéristique, à goût assez faible si elle est fraîche.
Indices : d'iode : 94 à 105 ; de saponification : 195 ; de réfraction : 1,46 (à 40°).
Insaponifiable : inférieur à 0,5 %.

Pamplemousse :
Teneur en huile du pépin entier : 30 %.
Huile fluide de couleur jaune, à odeur aromatique et à goût amer difficile à faire disparaître.
Acides saturés : 25 à 30 % (palmitique 4/5 ; stéarique, lignocérique).
Acides insaturés : 70 à 75 % (linoléique 2/3 ; oléique 1/3).
Indices : d'iode : 100 à 107 ; de saponification : 194 ; de réfraction : 1,47 (à 25°).
Insaponifiable : entre 0,5 et 1 %.

Citron :

Teneur en huile du pépin entier : 30 à 40 %.

Huile fluide de couleur jaune rougeâtre à jaune verdâtre, plus ou moins foncée et à saveur plus ou moins amère selon qu'elle est obtenue par dissolution ou par pression.

Point de solidification : — 5°.

Indices : d'iode : 107 ; de saponification : 193 ; de réfraction : 1,46 (à 40°).

Insaponifiable : de 0,5 à 1 %.

Mandarine :

Teneur en huile du pépin entier : 30 %.

Huile fluide, de couleur jaune clair, à odeur caractéristique, à saveur amère.

Indices : d'iode : 99,5 ; de saponification : 204.

N. B. : toutes ces huiles peuvent être utilisées en savonnerie. Leurs tourteaux sont inutilisables pour le bétail en raison de leur amertume.

Orange, citron, mandarine

CONCOMBRE

Cucumis sativus
Cucurbitacées

Synonyme : gros concombre.

Propriétés et composition de l'huile

Graine : eau : 8 % - protides : 29 % - lipides : 31 % - glucides : 1,88 % - pentosanes : 4,67 % - cellulose : 13,89 % - pectine : 0,59 % - phytine : 1,1 % - lécithine : 2,6 % - cendres : 3,92 %.

Les graines de concombre sont encore utilisées comme tænifuge sous forme d'extrait aqueux de graines non décortiquées : 200 à 400 g pour les enfants, 400 à 700 g pour les adultes (Krayer). On en extrait une huile fluide de couleur jaune claire, à odeur peu marquée.

Huile : acides : stéarique 3,7 % ; palmitique 6,8 % ; oléique 58,5 % ; linoléique 31 %. Point de solidification : entre 0 et — 5°.
Indices : d'iode : 115 à 119 ; de saponification : 194 ; de réfraction : 1,47 (à 20°).

Remarques

Mensier souligne que cette bonne huile de table a un goût qui rappelle celui de l'huile d'olive. Elle fut souvent mêlée à celle de son proche parent, le melon. Ses tourteaux sont excellents pour le bétail (50 % de protéines).

Concombre

JUTE
Corchorus capsularis
Tiliacées

Synonymes : chanvre de Calcutta, corette.

Cette plante herbacée exotique est surtout cultivée à des fins textiles ; ses tiges procurent des fibres longues et soyeuses utilisées pour la fabrication des cordes, des ficelles, des toiles à sac, du linoléum...
Ses fruits sont employés comme purgatifs.
Son huile visqueuse est de couleur jaune brun et représente 15 % de la graine.

Huile : acides saturés : 15 % (palmitique, stéarique, arachidique, lignocérique) - acides non saturées : oléique 40 % ; linoléique 45 %.
Point de solidification : au-dessous de 0°.
Indices : d'iode : 102 à 110 ; de saponification : 184 ; de réfraction : 1,47 (à 30°).
Insaponifiable : inférieur ou égal à 3 %.

Remarques

Cette huile peut être utilisée pour l'alimentation. On s'en sert aussi pour l'éclairage. Ses tourteaux ont une valeur alimentaire moyenne.

KARITE
ou ARBRE A BEURRE

Butyrospermum parkii
Sapotacées

Synonymes : beurre de Cée ou de Galam ou de Nungu ou de Ghi ou de Bambouk.

Propriétés et composition de l'huile

Amande : eau : 6,72 % - matières azotées : 10,25 % - lipides : 46,36 % - matières extractives non azotées : 26,18 % - cellulose : 9,49 % - cendres : 2 %.

Le karité est un arbre essentiellement africain. On extrait de son amande, par pressage et dissolution, une huile concrète de couleur variant du blanc au jaune grisâtre. Ses amandes contiennent de 45 à 55 % de matières grasses.

Le goût et l'odeur de son beurre sont nuls si ce dernier est bien préparé avec des amandes fraîches.

Huile : acides : stéarique 40 % ; palmitique 6 % ; oléique 50 % ; linoléique 4 %. Le beurre de karité commence à fondre à 33°.
Indices : d'iode : 58 ; de saponification : 188 ; de réfraction : 1,46 (à 49°).
Insaponifiable : très variable.

Remarques

Une des vertus les plus remarquables du beurre de karité est son insaponifiable, tant en qualité qu'en quantité (de 5 à 17 %). En Europe, on l'utilise dans la fabrication des graisses destinées à la pâtisserie, et il n'a nullement la grande importance alimentaire que lui confèrent, à juste titre, les habitants des pays producteurs.

En France, on voit son utilisation récente sous forme de beurre végétal diffusé par une grande marque de produits diététiques ; ce beurre végétal est un mélange de karité, de palmiste et de palme (voir ces fiches).

MELON
Cucumis melo
Cucurbitacées

Synonyme : cantaloup.

Propriétés et composition de l'huile

Graines : eau : 9,88 % - cendres : 3,25 % - lipides : 27,06 % - substances azotées : 4,62 % - cellulose : 26,56 % - substances extractives non azotées : 28,63 % - phytine : 1,55 % du poids sec.

Ses graines fraîches servent à la préparation de boissons fraîches, d'émulsions qui sont calmantes et adoucissantes.

L'huile de melon est fluide, de couleur jaune clair, de saveur douce et agréable.

Huile : acides : stéarique 4 à 6 % ; palmitique 10 à 13 % ; myristique : 1 % ; arachidique : — de 1 % ; oléique : 25 à 37 % ; linoléique : 40 à 57 %.
Point de solidification : 5°.
Indices : d'iode : 122 ; de saponification : 189 ; de réfraction : 1,47 (à 20°).
Insaponifiable : de 0,5 à 1 %.

Remarques

C'est une bonne huile pour l'alimentation ; elle est douce et onctueuse et convient aux sauces de salades. Si on ne peut la presser soi-même — comme elle est introuvable dans le commerce — il est recommandé de mâcher ses graines décortiquées.

Son huile a souvent été mêlée à celle de concombre qui a aussi une bonne composition en acides insaturés.

Pelikan dit : *« Steiner préconisa une préparation à base de melon. Le melon accomplit son processus sucre beaucoup plus intensément que la courge. On élimine, en pharmacie, toute l'eau des tissus du melon ; on obtient une substance solide très finement structurée et renfermant tous les hydrates de carbone — donc « formée » sans être durcie. Cette substance retient dans ces réseaux toute la forme intense des sucs, sans les dissoudre. Le sucre confère à ce processus formateur des relations avec l'organisation du Moi. »*

N. B. : pour de plus amples renseignements dans cette thématique, consulter notre paragraphe *« remarques »* de la courge, qui explicite les qualités générales des cucurbitacées.

MOUTARDE NOIRE

Brassica nigra
Cruciféracées

Synonymes : sénevé noir ou gris, chou noir, moutarde officinale.

Propriétés et composition de l'huile

Graine : mucilage : 20 % - huile fixe : 23 à 33 % - un hétéroside (sinigrine) - un alcaloïde (sinapine) - plusieurs enzymes...

En phytothérapie, on considère la moutarde noire comme antiscorbutique, stimulante, diurétique et révulsive.

On peut l'extraire par pression à froid ; l'huile ainsi obtenue est de couleur jaune foncé, de saveur douce, et d'odeur analogue à celle de l'huile de navette.

Elle fut longtemps en Russie préférée à toute autre huile de table. On s'en servait aussi pour la savonnerie, l'éclairage et le graissage des machines, la préparation des huiles philocomes, des liniments, des crèmes, dans l'impression des cotonnades.

Ses tourteaux sont utilisés principalement pour fabriquer des moutardes, des sinapismes, de l'huile essentielle... Leurs résidus sont utilisés comme engrais ou mêlés à l'alimentation du bétail.

Huile : acides : palmitique 0 à 2 % ; lignocérique 1 à 2 % ; béhénique 0 à 4 % ; myristique 0 à 0,5 % ; oléique 20 à 32 % ; linoléique 18 à 20 % ; linolénique 2 à 3 % ; érucique 41 à 51 %.
Point de solidification : — 15°.
Indices : d'iode : 110 ; de saponification : 178 ; de réfraction : 1,47 (à 20°).
Insaponifiable : de 1 à 1,5 %.

Remarques

Les caractéristiques de l'huile de moutarde noire sont assez proches de celle de colza (voir cette fiche).

N. B. : la moutarde blanche (*Sinapis alba*) peut fournir une huile de qualité semblable.

NAVETTE

Brassica campestris napus
Crucifèracées

Synonymes : quarantaine, rabette.

Propriétés et composition de l'huile

Graine : huile : 35 % - substances organiques : 51,48 % - cendres : 4,12 %
- eau : 9,40 %.

C'est une huile fluide, de couleur pouvant varier du jaune clair au brun
verdâtre, de saveur et d'odeur très différenciées de celles de l'huile de colza,
mais son épuration serait plus difficile.

Point de solidification : — 10°.
Indices : d'iode : 97,1 ; de saponification : 178 ; de réfraction : 1,47 (à 20°).
Insaponifiable : de 1 à 1,5 %.

Remarques

Les emplois de l'huile de navette seraient tout à fait similaires à ceux de
l'huile de colza et, bien qu'elle soit traitée, beaucoup moins suspecte que
cette dernière.

On en trouve quelquefois dans le commerce.

PASTEQUE

Citrullus vulgaris
Cucurbitacées

Synonyme : melon d'eau.

Propriétés et composition de l'huile

Les graines de pastèque peuvent être consommées directement ou sous forme d'huile. Leur teneur en matières grasses varie de 20 à 40 % pour les graines non décortiquées et dépasse 60 % pour les graines décortiquées. Cette huile est fluide, jaune clair.

Huile : acides : stéarique 5 à 15 % ; palmitique 8 à 13 % ; arachidique (traces) ; oléique 13 à 43 % ; linoléique 25 à 66 %.
Point de solidification : de — 5 à + 10°.
Indices : d'iode : 111 à 134 ; de saponification : 189 à 198 ; de réfraction : 1,46 (à 20°).
Insaponifiable : de 0,5 à 1 %.

Remarques

L'odeur et la saveur de l'huile de pastèque sont réputées pour être très douces. Ses tourteaux sont comestibles pour le bétail à condition de provenir de graines décortiquées.

Pastèque

PISTACHE
Pistacia vera
Térébinthacées

Synonymes : pistachier vrai ou franc ou cultivé ou d'Alep.

Propriétés et composition de l'huile

Amande (pour 100 g) : eau : 5,1 g - glucides : 15,2 g - lipides : 54,5 g - protides : 21,5 g - vitamines et sels minéraux...

N. B. : cette analyse de la pistache fraîche est incomplète faute de renseignements.

L'huile de pistache est extraite soit par pression, soit par dissolution ; elle est de couleur jaune d'or, inodore et insipide. Cette huile n'est guère extraite qu'en Asie. C'est une huile de table qui ne restitue pas, hélas ! le goût prestigieux de son amande grillée.

Chez les Anciens, la pistache avait la réputation d'être un bon antidote aux morsures de serpents et de toutes bêtes venimeuses.

Son huile était réputée *« pour adoucir et apaiser les douleurs des reins et du foie, engraisser la personne, augmenter la semence et guérir la toux et la douleur de poitrine ».*

En Occident la pistache n'est pas considérée comme un plat principal et elle est surtout utilisée en garnitures de pâtisserie et en confiserie. On s'en sert aussi en charcuterie où elle affine la vulgarité des pâtés charognards. Ses tourteaux sont réputés excellents pour le bétail.

Huile : acides : stéarique 1,6 % ; palmitique 8,2 % ; myristique 0,6 % ; oléique 69,6 % ; linoléique 20 %.
Point de solidification : — 10°.
Indices : d'iode : 92 ; de saponification : 192 ; de réfraction : 1,47 (à 20°).
Insaponifiable : de 0,5 à 3 %.

Remarques

Cette huile de table est bien équilibrée en acides insaturés ; elle est aussi fade et inodore que l'huile de pépins de raisin, mais possède sur elle l'avantage de pouvoir être extraite en première pression à froid.

Elle s'emploie en cosmétologie, en frictions, en massages comme toutes les huiles douces. Le fruit lui-même fut surtout employé pour ses propriétés aphrodisiaques (« *looch vert* »).

123

POIVRON ou PIMENT

Capsicum annuum
Solanacées

Synonymes : piment des jardins ou d'Espagne, poivre rouge ou de Guinée, corail des jardins, carive, courats.

Propriétés et composition de l'huile

Graine : lipides : 15 à 32 % - un mucilage - pentosane : 8 % - lécithine.

Le fruit du poivron est excitant, antidyspeptique, anticatarrhe, gastro-intestinal, décongestionnant, sudatif... Piments brûlants ou poivrons doux, si on les tolère, demeurent indéniablement appétitifs.

L'action rubéfiante de ses graines reviendrait à l'action de la capsaïcine, substance huileuse mal définie qui n'apparaît qu'au temps de la maturité. On constate aussi leur richesse en acide ascorbique. Son huile ne devient comestible qu'après raffinage. Elle est aussi demi-siccative.

Elle est fluide, de couleur jaune clair, d'odeur agréable et de saveur piquante.

Huile : acides non saturés : 83 %.
Indices : d'iode : 122 ; de saponification : 190 ; de réfraction : 1,48 (à 20°).

Remarques

C'est une huile alimentaire très mal connue car si peu exploitée. Les principes du poivron lui-même sont très mal définis aussi : c'est l'une des nombreuses plantes dont l'étude peut durer des millénaires.

LES PRUNUS :

CERISIER *Prunus cerasus*
PRUNIER *Prunus domestica*
LAURIER-CERISE *Prunus laurocerasus*
PECHER *Prunus persica* Rosacées

Les fruits du genre Prunus contiennent, dans leur amande de noyau, une bonne proportion de matières grasses et, bien que nous ayons réservé une fiche complète aussi bien à l'amande qu'à l'abricot, il nous parut évident de vous donner des notions sur les fruits de cette même famille, d'autant plus que les caractéristiques de leur huile sont similaires, qu'elles sont souvent mélangées ensemble ou servent à falsifier d'autres huiles.

Les principes toxiques contenus dans toutes les amandes des Prunus (sauf dans l'amande douce qui en est exempte) sont éliminés lors de l'extraction, raison pour laquelle leurs tourteaux, sans raffinage, demeurent impropres à l'alimentation du bétail et de leur emploi fréquent comme engrais. Ces principes toxiques sont l'amygdaloside et l'émulsine.

Cette dernière diastase, l'émulsine, dédouble en présence de l'eau la molécule d'amygdaloside en deux molécules de glucose :
a) une d'aldéhyde benzoïque,
b) l'autre d'acide cyanhydrique.
L'amande amère est le type même de ce comportement, contrairement à l'amande douce.

Il est étonnant que ces fruits savoureux et nutritifs des rosacées (sauf le laurier-cerise) possèdent à l'intérieur de leur noyau une amande toxique ! Et ce conseil que nous donnions dans l'un de nos premiers ouvrages n'en est pas contredit... grâce à la coque : *« Sucez longtemps les noyaux des fruits (ainsi font instinctivement les enfants) : ils contiennent en puissance tout un arbre et leur force magnétique vous nourrira essentiellement (1).»*

---

1. *Se nourrir de... rien* (Ed. Maloine).

Quant à ce mouvement des rosacées, voilà ce qu'en dit Pelikan : « *Un autre phénomène très intéressant doit être considéré quand on étudie les rosacées : c'est le processus cyanhydrique. On trouve dans de nombreuses espèces, et notamment dans les noyaux de nos fruits ou dans les amandes amères, des glucosides qui isolent l'acide cyanhydrique ou prussique. Chez certains Prunus, ce processus a lieu aussi dans la feuille et l'écorce (P. Laurocerasus, P. Padus). Trouver un but à ce phénomène, dans les conditions terrestres actuelles n'est pas possible.* »

Cette dernière réflexion nous rappelle celle de Beethoven parlant de ces derniers quators : « *Il faudra au moins 3 000 ans encore avant que je puisse comprendre ce que j'ai voulu dire.* »

Caractéristiques générales des huiles

Cerise :
Teneur en huile de l'amande : 30 à 40 %.
Rendement : 20 à 25 %.
Huile fluide, de couleur allant du jaune clair au jaune d'or, à goût et odeur faibles.
Acides saturés : 8 % (palmitique 4 % ; stéarique 3 % ; myristique, arachidique).
Acides non saturés : 92 % (oléique 45 % ; linoléique 45 %).
Point de solidification : entre — 15 et — 20°.
Indices : d'iode : 116 ; de saponification : 195 ; de réfraction : 1,47 (à 25°).
Insaponifiable : de l'ordre de 0,5 %.

Prune :
Teneur en huile de l'amande : 30 à 50 %.
Huile fluide, de couleur jaune d'or, d'odeur et de goût très faibles, rancissant facilement.
Acides saturés : 5 à 6 % - non saturés : 94 % (oléique, linoléique).
Point de solidification : — 15°.
Indices : d'iode : 98 ; de saponification : 193 ; de réfraction : 1,46 (à 25°).
Insaponifiable : inférieur à 1 %.

Laurier-cerise :
Teneur en huile de l'amande : 25 à 30 %.
Rendement : 20 %.
Huile fluide, de couleur variant du jaune clair au jaune d'or, ressemblant à l'huile d'amande, d'odeur et de goût légers d'amande amère.
Composition : semblable à celle de la cerise (cf. ci-dessus).
Point de solidification : — 20°.
Indices : d'iode : 97 ; de saponification : 194.

Pêche :
Teneur en huile de l'amande : 32 à 45 %.
Huile fluide, de couleur jaune d'or, à odeur et goût très faibles, rancissant facilement.
Acides saturés : 5 % (surtout palmitique).
Acides non saturés : 95 % (oléique 62 % ; linoléique 31 %).
Point de solidification : — 20°.
Indices : d'iode : 101 ; de saponification : 191 ; de réfraction : 1,46 (à 25°).

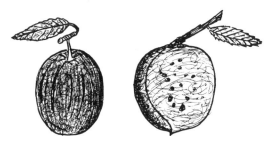

Prune, pêche

RADIS ROSE et RADIS NOIR

Raphanus sativus et *Raphanus niger* - Cruciféracées

Synonymes : raviole, rave/raifort noir ou des parisiens, gros raifort blanc.

Propriétés et composition de l'huile

Cette huile est rarement extraite car les radis potagers sont consommés avant floraison et formation des graines.

C'est une huile tout à fait analogue à celle de colza (voir cette fiche). Elle est fluide, de couleur brun clair.

Huile : acides : stéarique 1,39 % ; palmitique 1,26 % ; arachidique 2,96 % ; béhénique 3,38 % ; oléique 60,38 % ; linoléique 4,5 % ; érucique 22,04 %.
Point de solidification : — 10°.
Indices : d'iode : 102 ; de saponification : 179 ; de réfraction : 1,47 (à 20°).
Insaponifiable : de l'ordre de 1 %.

Remarques

Dans l'apparence, les huiles de toutes les espèces du genre Raphanus pourraient remplacer celle de colza dans tous ses usages y compris l'alimentation ; elle nous paraît cependant moins suspecte car les plantes diffèrent de composition et sont beaucoup moins traitées par la culture industrialisée.

Radis rose et noir

RAPHIA *Raphia ruffia*
Palmacées

Ce palmier d'Afrique tropicale a de nombreuses variétés (*Raphia gentiliana, Raphia hookeri, Raphia laurentii...*) qui fournissent toutes une huile concrète, non à partir de la graine mais de la pulpe du fruit.

Teneur en huile de la pulpe : 24 %.

Teneur en huile de la graine : 1 %.

La couleur varie de l'oranger au brun.

Remarques

Ces huiles sont surtout d'intérêt local (alimentation, savonnerie, stéarinerie...) car leur richesse en acides saturés est trop importante pour qu'on les considère comme bonnes huiles de table si l'on a la chance de pouvoir bénéficier d'huiles végétales très peu saturées. Nous vous l'avons signalée car c'est la seule huile malgré tout encore comestible non extraite de graine, de noyau ou d'amande mais de pulpe, dont nous parlons ici avec celle de l'olive.

THE

Camellia oleifera
Théacées

Synonyme : arbre à thé oléifère.

Propriétés et composition de l'huile

Cet arbre à thé n'est cultivé qu'au Japon et en Chine pour sa production d'huile ; son amande peut fournir de 55 à 60 % d'huile qui est extraite soit par pression soit par dissolution. Dans le premier cas, elle doit être raffinée pour éliminer le principe toxique qu'elle contient (saponine) avant de devenir comestible pour l'homme. Son huile devient alors liquide, claire et de saveur agréable.

Elle est utilisée aussi en savonnerie, comme huile d'éclairage.

Ses tourteaux sont impropres à l'alimentation du bétail à cause du principe toxique qu'ils contiennent. On s'en sert comme engrais ; on en extrait des insecticides ; ses résidus sont utilisés sous forme de poudre à laver et de lotions pour le cuir chevelu.

Huile : acides : stéarique 0,8 % ; palmitique 7,6 % ; myristique 0,3 % ; arachidique 0,6 % ; oléique 83,3 % ; linoléique 7,4 % ; hexadécénoïque : — de 1 %.
Point de solidification : — 10°.
Indices : d'iode : 84 ; de saponification : 192,5 ; de réfraction : 1,46 (à 20°).
Insaponifiable : de 0,5 à 1 %.

Remarques

Cette huile ne présente d'intérêt que sur un plan purement régional, et les traitements qu'on lui fait subir par nécessité l'écartent des normes diététiques.

TILLEUL

Tilia cordata
Tiliacées

Synonymes : tilleul d'hiver ou à petites feuilles ou mâle ou des bois, tillau, tillet.

Propriétés et composition de l'huile

Les graines de tilleul contiennent de 28 à 58 % d'une huile grasse comparable à la meilleure huile d'olive, ni siccative, ni rancissante, mais son extraction n'est pas suffisamment rémunératrice et c'est pourquoi nous ne pouvons en bénéficier. Elle fut un peu exploitée au siècle dernier et nous souhaitons la voir un jour sur nos tables. Nous n'avons pu trouver trace de son analyse complète.

Huile : point de solidification : au-delà de — 21°.
Indices : d'iode : 120 ; de saponification : 195 ; de réfraction : 1,47 (à 40°).
Insaponifiable : de l'ordre de 1,5 %.

Remarques

Il est regrettable de ne pouvoir jouir de cette huile de tilleul qui passe pour excellente, ayant le goût de la meilleure huile d'olive, ne rancissant pas, et solidifiant à des températures extrêmement basses.

Elle n'est d'ailleurs qu'un des nombreux produits du tilleul, arbre protecteur de l'homme. Il est arbre d'agrément qui ombrage bien des allées, des rues ou des routes, mais ses fleurs sont nutritives, antispasmodiques, diurétiques, sudorifiques, antipléthoriques, calmantes.

Fraîches, avec ou sans leur bractée, on les met dans une pâte à beignets qui protégera bien leurs principes vivants lors de la cuisson. Après séchage, on les consomme en infusion dont les principes calmants sont bien connus.

Ses graines sont aussi utilisées comme ersatz de café. Sa sève est alimentaire ainsi que celles de l'érable ou du bouleau. Ses feuilles séchées ont eu un emploi qui s'est perdu : réduites en poudre et mêlées à la farine d'orge, on en faisait une farine verte apte à pallier les carences d'une sous-alimentation carnée. Ses fleurs très mellifères procurent un excellent miel.

TOMATE
Solanum lycopersicum
Solanacées

Synonymes : pomme d'amour ou d'or ou du Pérou.

Propriétés et composition de l'huile

Graines : eau : 7 % - protides : 33 % - lipides : 27 % - sels minéraux : 5 à 6 %.

Une tonne de tomates peut fournir de 2 à 5 kg d'huile. On extrait des graines de 12 à 18 % d'huile par pression et de 20 à 30 % par dissolution. L'huile de pépins de tomate est une huile fluide, transparente, de couleur variant du jaune pâle au jaune verdâtre ou au brun rouge, d'odeur et de saveur semblables à celles du fruit.

La tomate contient dans toutes ses parties un principe toxique : la solanine, dont la teneur diminue pour presque disparaître dans les fruits à maturité.

Les tomates vertes procurent coliques, diarrhées, dilatation des pupilles.

On utilise son huile en savonnerie et ses tourteaux sont excellents pour le bétail (32 à 45 % de protéines).

Huile : acides : stéarique 6 % ; palmitique 12 % ; arachidique : — de 1 % ; oléique 45 % ; linoléique 35 % ; vit. A et K (?).
Point de solidification : entre — 12° et + 2°.
Indices : d'iode : 120 ; de saponification : 200 ; de réfraction : 1,47 (à 25°).
Insaponifiable : de 0,5 à 2,5 %.

Remarques

L'huile de pépins de tomate est une excellente huile de table ; son coefficient de digestibilité serait de 95,8 %. Elle est composée de 80 % d'acides insaturés. C'est, hélas ! une huile pour lors introuvable dans le commerce.

N. B. : voilà ce que pense Pelikan de la tomate : *« Il y a chez la tomate un trait bien « égoïste », c'est qu'elle se plaît à elle-même et ne croît jamais mieux que dans ses propres débris. Elle partage cette particularité avec le tabac. Un compost non mûr, dit « sauvage », est celui qui lui profite le plus. »*

« *Les forces de prolifération cachées dans la tomate sauvage sont ce qui permet d'en tirer par l'élevage des formes cultivées tellement riches en fruits. Il faut, dans l'alimentation, employer la tomate avec certaines précautions, et l'éviter lorsqu'on risque des maladies de prolifération ou des maladies de durcissement, dans lesquelles les formes formatrices s'égarent en quelque sorte : cancer, goutte, rhumatisme. En revanche, la tomate est favorable au foie, cet organe plastique et luxuriant entre tous. Steiner a recommandé des hautes dilutions de l'extrait du fruit pour traiter les inflammations de la moelle des os.* »

Tomate

Une huile non alimentaire mais végétale, trop connue pour n'être pas citée :

RICIN
Ricinus communis
Euphorbiacées

Synonymes : bois de carapat, Palmat Christi, herbe à l'huile américaine ou de castor.

Propriétés et composition de l'huile

L'huile de ricin est incolore, faiblement jaunâtre ou jaune verdâtre, de saveur moelleuse puis irritante. Elle est extraite de la graine par pression suivie d'une extraction par dissolvants.

Graines : eau : 8 % - matières azotées : 20,50 % - lipides : 52 à 62 % - matières extractives non azotées : 15,95 % - cendres : 2,93 % - ricine.

L'huile de ricin n'est pas comestible, mais ses vertus laxatives l'ont fait connaître depuis des millénaires. Laxatif d'action douce et le plus employé.

La graine dont elle est issue contient une phytotoxine extrêmement vénéneuse, la ricine, qui reste intégralement dans les tourteaux après son extraction. Ces dits tourteaux ne conviennent pas à l'alimentation du bétail et sont utilisés comme engrais.

L'huile trouve encore son emploi comme cosmétique ou brillantine : elle favoriserait la croissance des cheveux. C'est une bonne huile d'éclairage. Elle sert de support à des pansements gras. On l'utilise comme huile de graissage des voitures de course, à la fabrication du rilsan et des savons.

Huile : acide ricinoléique : 86 % - Acides saturés et oléique : 2 à 3 %. Indices : d'iode : 86 ; de saponification : 181 ; de réfraction : 1,47 (à 15°). Insaponifiable : de 0,5 à 2 %.

Remarques

D'autres notions nous viennent de *Ricinus communis* grâce à Pelikan : « *Le ricin a besoin de chaleur, mais avant tout, d'eau. Il est l'image même d'une prolifération aqueuse qui puise énergiquement les forces formatrices de l'air et de la chaleur. C'est pourquoi ses graines débordent d'huile grasse et de beaucoup d'acides gras non saturés. Cette huile résiste au froid et reste liquide à de basses températures. L'albumine de ses graines contient de nombreuses enzymes digestibles (pepsine, trypsine, etc.) qui représentent jusqu'à 20 % du poids de la graine et jusqu'à 70 % du poids de l'huile. Dans cette albumine il y a beaucoup de globuline, peu d'autres protéines, et de la glycoprotéine ; en outre, du sucre, de la gomme, des résines, de la lécithine, un amer. Elle est très toxique à cause de la ricine et de la ricinine. Ici, le processus toxique s'est emparé de l'albumine, comme chez toutes les euphorbiacées, mais sans parvenir à la morceler en alcaloïdes. Ce phénomène ressemble à la genèse des poisons animaux plutôt qu'à celle des poisons végétaux. Seuls les animaux inférieurs présentent des genèses de poisons ; ils n'ont pas encore complètement incorporé leur nature astrale ; or ces phénomènes n'apparaissent que lorsque l'astral venu de l'extérieur cherche à forcer l'entrée d'un organisme. Au-dessus du Serpent, on ne trouve pas de poisons animaux, mais on en trouve beaucoup en dessous ! Le ricin agglutine les globules rouges, ce qui conduit à obturer les vaisseaux, et il en résulte des inflammations, des abcès, une autodigestion des tissus de l'estomac et de l'intestin grêle, avec des hémorragies, des selles analogues à celles du choléra. Cette forte toxicité, liée à l'albumine, ne se transmet qu'en traces à l'huile de ricin, bien connue, obtenue par pressurage des graines. Elle reste dans le tourteau et l'huile peut être employée médicalement pour accélérer le métabolisme. »*

Posologie : en traitement doux, 10 g par jour d'huile de ricin, ou un jour sur deux. De 10 à 60 g par jour, dose purgative qui est recommandée dans l'irritation des voies digestives, dans les coliques, la péritonite, la dysenterie, la hernie étranglée, l'engouement stercoral, l'inflammation sourde des intestins, l'occlusion intestinale, l'empoisonnement par les substances âcres, et contre les ascarides lombricoïdes.

Elle passe pour un bon purgatif au cours des grossesses.

En usage externe, mélangée au collodion, elle est étendue sous forme de liniment élastique sur les plaies, les coupures pour les abriter contre les infections microbiennes.

N. B. : Fournier relate que les Chinois, par des procédés mal connus, auraient rendu l'huile de ricin comestible.

Une autre huile non alimentaire et peu végétale, mais aussi bien connue

LA PARAFFINE

Etymologie : empruntée au latin « *parum affinis* » : qui a peu d'affinité.

L'huile de paraffine est un cocktail qui provient du résidu de la distillation des goudrons de pétrole, de bois, de tourbe, de lignite et de schistes bitumeux.

Certains l'emploient comme huile de régime pour éviter de grossir. La graisse étant un amas de détritus qu'on n'arrive plus à éliminer par saturation, on est en droit de se demander si les détritus d'une huile de détritus sont aptes à faire maigrir ou à maintenir un bon métabolisme.

Elle passe pour un très bon laxatif à donner à tous les animaux et pour un très bon lubrifiant des mécaniques délicates. Appréciation non contradictoire bien que les intestins ne soient pas une mécanique ! Ils demeurent en effet très délicats et le deviendront encore bien davantage si on les traite par des procédés brutaux autres que ceux issus de la volonté et de la patience !

*

*   *

Autres plantes oléagineuses non citées dans notre ouvrage :

Baobab - Caneline - Chardon - Millet - Muscade - Noix du Brésil - Palmier à miel - Pavot cornu - Pin - Plaqueminier - Pois - Raifort - Riz - Saflor - Sarrasin - Sorgho - Sureau, etc.

La plupart des huiles végétales étant extraites des semences des phanérogames (1) — sauf de rares exceptions : souchet-racine, olive, raphia-pulpe — il est bien évident que leur quantité est innombrable.

Il suffit de consulter, pour s'en rendre compte, l'excellent *Dictionnaire des Huiles végétales* de Mensier (Ed. Lechevalier), qui en répertorie des centaines.

---

1. Se dit des plantes qui ont les organes de fructification apparents et se reproduisent par graines.

Index alphabétique des noms savants

BIBLIOGRAPHIE

Annales de la Nutrition et de l'Alimentation, vol. XXX, n°s 2-3, année 1976 (Centre national de la recherche scientifique).

APFELBAUM M. — *Les Lipides dans l'équilibre alimentaire* (documentation Lesieur).

BRESSY Pierre : La Bio-électronique et les mystères de la Vie (chez l'auteur, Toulon).

CALLIER Robert. — *Le Raisin (Vie Naturelle,* n° 34).

Choi, bulletins n°s 5 et 12, Documentation conseil huile d'olive information, et brochure *De l'olivier à l'huile d'olive.*

Comment utiliser les huiles aujourd'hui ? (Documentation Lesieur).

FOURNIER P. (abbé) : *Le Livre des Plantes médicinales,* 3 vol. (Lechevalier).

FRITSCH J. — *Les Huiles végétales* (Desforges, épuisé).

GARNIER G. — *Ressources médicinales de la Flore française,* 2 vol. (Vigot).

GEFFROY H.-C. — *Le Problème des corps gras* (La Vie Claire).

GROHMAN G. — *La Plante* (Triades, Paris).

GUBERNATIS Anglo (de). — *La Mythologie des Plantes,* 2 vol., (Ed. Arche, Milan).

GUIERRE Georges (Dr). — *Alimentation et Diététique dans la Vie moderne* (Le Courrier du Livre).

Que faire avec le lin cultivé ? (Vie Naturelle, n°s 30-31).

Les Aflatoxines (Vie Naturelle, n° 16).

GOETHE W. — *La Métamorphose des Plantes* (Triades, Paris).

HANISH (Dr) : *Recettes culinaires* (Le Courrier du Livre).

Huiles et Graisses végétales (publication Unilever).

Huiles végétales (Ed. du Pylône, Paris).

Huiles végétales (publication Lesieur).

HUNSCHER et KRAUSE. — *Nutrition et Diétothérapie* (Ed. H.R.W., Montréal).

JUILLET A. — *Les Oléagineux et leurs tourteaux* (Lechevalier).

BIBLIOGRAPHIE

JUILLET M.-T. : *Les Mycotoxines* (service documentation I.T.E.R.G.) et *Possibilités des ressources métropolitaines nouvelles en corps gras* (doc. I.T.E.R.G.) et *Valeur nutritionnelle de l'huile de tournesol* (doc. I.T.E.R.G.) et *Comparaison des effets vitaminiques et antitoxines des tocophérols* (doc. I.T.E.R.G.).

KEPLER Sebold : Œuvres complètes.

LECLERC Henri (Dr). — *Les Fruits de France* (Masson, épuisé) et *Précis de phytothérapie* (Masson).

LIEUTAGHI Pierre. — *Livre des arbres, arbustes et arbrisseaux*, 2 vol. (Robert Morel, épuisé).

LIMA. — *Petit guide pour la cuisine saine* (doc. Lima).

Margarines (service documentation Astra).

MARIA Roger. — *Scandale de l'huile de colza* (La Voix des Végétariens, n°s 64-65).

MENSIER Paul-H. — *Dictionnaire des Huiles végétales* (Lechevalier).

PASSEBECQ André. — *Votre Santé par la diététique et l'alimentation saine* (Ed. Dangles).

PEETERS Emile Gaston. — *Le Guide de la Diététique* (Marabout service).

PELIKAN Wilhelm. — *L'Homme et les Plantes médicinales*, 2 vol. (Triades).

Prévention des maladies cardio-vasculaires (documentation Astra).

Production des Huiles vierges (documentation S.I.G.G.).

RANDOIN Lucie. — *Table de composition des Aliments* (J. Lanore, Paris).

REMY Michel. — *L'Huile d'arachide non raffinée* et *Problèmes des huiles alimentaires* (revue La Vie Claire).

Savoir se nourrir (revue du Palais de la Découverte, n° 7, 1976).

ROBERT — *Dictionnaire de la Langue française*.

ROIG A. — *Dictionnaire des Polluants alimentaires* (C.E.V.I.C.).

Rôle des poly-insaturés dans l'alimentation (documentation Astra).

ROUX André. — Documentation de Provence Régime.

SAURY Alain. — *Se nourrir de rien* (Maloine), *Les Plantes fumables* (Maloine), *Se nourrir, se guérir aux plantes sauvages* (Tchou), *Manuel diététique des Fruits et Légumes* (Dangles), *Régénération par le jeûne* (Dangles), *Des fleurs pour vous guérir* (Dangles), *Se nourrir au bord des chemins* (Vie et Action), *Les Mains vertes* (Le Courrier du Livre), *50 Végétaux sauvages nutritifs* (Grancher) et *Les Plantes mellifères, l'abeille et ses produits* (Lechevalier).

Secrets et Vertus des plantes médicinales (Sélection Reader's Digest).

WALKER A. — *Les Plantes utiles du Gabon* (Lechevalier).

Table des matières

Deuxième partie :
LES PRINCIPALES HUILES ALIMENTAIRES

Troisième partie :
QUELQUES AUTRES HUILES ALIMENTAIRES

TABLE DES MATIERES

IMPRIMERIE CLERC (S.A.)
Photocompo-Offset
18200 Saint-Amand

Dépôt légal Editeur n° 551 - Imprimeur n° 2305

Alain SAURY (Naturopathe)

régénération
par le jeûne

Le jeûne : thérapeutique préventive et curative absolue. Bienfaits, durées (jeûnes courts, moyens et longs), préparation, pratique, reprise alimentaire, diététique, spiritualité et créativité.

Format 15 × 21 ; 184 pages ; illustré ; 3e édition

Jeûner pour rester perpétuellement jeune !

Le jeûne, thérapeutique absolue, la seule à ne faire appel à aucune médecine !

Le jeûne qui fait redécouvrir la primauté du juste instinct, la pureté totale du corps et de l'âme.

Le jeûne pour guérir de soi, pour assumer la complète régénération de l'être, lui redonner ses immunités naturelles et chasser toutes les maladies.

Le jeûne qui nous fait quitter l'esclavage de la matière et découvrir les nourritures subtiles et essentielles : air, lumière, eau, création, don de soi, amour, et nous fait accéder à la responsabilité et à la liberté !

Le jeûne qui nous fait sentir que ce qui compte dans l'aliment n'est pas la matière, mais la vie que porte cette matière, et qui nous rend apte à assimiler cette vie.

Cet ouvrage pratique vous explique en détail la pratique de tous les jeûnes préventifs ou curatifs (courts, moyens, longs, créatifs et spiritualisés), et vous guidera pas à pas dans leur déroulement. Tous les aspects opératoires des divers jeûnes sont ici abordés en détail : indications, préparation, diététique, spiritualité, emploi du temps, symptomatologie, reprise alimentaire, cas particuliers...

Un livre clair, précis, qui pourra apaiser toutes vos appréhensions, répondre à toutes vos questions et vous fera découvrir les lois de la vraie vie et de la nutrition.

Ne creusez plus votre tombe avec vos dents !

Dans la même collection :

Alain Saury

des fleurs pour vous guérir

63 fleurs pour votre santé, avec pour chacune : usages médicaux (avec posologie), propriétés thérapeutiques, usages diététiques, mode de cueillette, d'utilisation et de conservation, et bien d'autres renseignements

Format 13,5 × 18 ; 160 pages bristol ; abondamment illustré ; 2e édition

S'épanouir avec les fleurs... se soigner par les fleurs !
Oui ! Leur odeur, leurs couleurs, leur joliesse se retrouvent dans leurs vertus curatives. Si quelquefois elles possèdent à des degrés moindres les propriétés médicinales de leurs feuilles, tiges ou racines, elles en proposent également d'autres, **plus douces** et souvent tout **aussi efficaces.** Par ailleurs, leurs vertus non seulement gustatives mais **nutritives** ne sont pas à négliger et attendent la maîtresse de maison, lui proposant une profusion de nourritures préventivement thérapeutiques associées à une fraîcheur nutritionnelle non négligeable.
Séchées (ce livre vous indique comment procéder), ces mêmes fleurs s'avèrent aptes à guérir nombre de nos troubles, carences, malaises et à soulager bien de nos souffrances.
Ce petit manuel vous offre un bouquet de 63 fleurs, parmi les plus courantes et les plus facilement trouvables. 63 croquis de l'auteur vous aideront à les différencier. Pour chaque fleur, une fiche complète vous indiquera ses **usages médicinaux** (avec posologie), **ses propriétés thérapeutiques, ses usages diététiques,** son mode de cueillette, d'utilisation et de conservation, et bien d'autres renseignements pratiques.
Deux répertoires (par propriétés et par maladies) vous permettront une utilisation immédiate.
Un petit guide pratique qui ne pourra que vous aider à préserver ou recouvrer la santé, et à mieux connaître les innombrables trésors que recèlent ces merveilles végétales que nous devons protéger et traiter avec délicatesse et respect.

Dans la même collection :

Alain Saury

manuel diététique des fruits et légumes

Thérapeutique préventive et curative par l'alimentation quotidienne.

Format 13,5 × 18 ; 176 pages ; illustré ; 2ᵉ édition

Tout être vivant est la transformation non de ce qu'il absorbe mais de ce qu'il assimile et ne peut rejeter. Les microbes ne sont pas les causes de nos maladies, mais leur intrusion est la résultante d'un déséquilibre préexistant, le plus souvent causé par une malnutrition à la fois carencée et pléthorique.

Les légumes et les fruits devraient composer la majeure partie de notre alimentation quotidienne. Ils contiennent en suffisance tous les éléments vitaux nécessaires à la vie, et ce livre — véritable manuel diététique des végétaux nutritifs — vous indique en détail, pour chacun d'eux (plus de 140 au total !), leurs **composants,** leurs **bienfaits nutritifs,** leurs **propriétés,** leur **emploi thérapeutique** et **diététique,** etc... Il vous incitera à respecter leurs principes nutritifs et leurs vertus thérapeutiques que nous détruisons trop souvent par de mauvaises préparations ou de mauvais mélanges. Vous apprendrez à les préparer et à les associer judicieusement entre eux ; des dizaines de recettes et de conseils culinaires vous éviteront toute erreur à ce propos.

Vous découvrirez également les bienfaits de certains nutriments injustement disparus de nos tables mais tendant à revenir en force notamment en raison de leur apport diététique particulièrement intéressant.

De plus, un **répertoire mensuel des fruits et légumes** vous aidera au jour le jour à composer vos menus tout au long de l'année.

Un guide de tous les instants que chaque maîtresse de maison, soucieuse de la santé de sa famille, se doit de consulter très fréquemment.

Jean-Luc Darrigol

les céréales
pour votre santé

**Usages et propriétés
diététiques et thérapeutiques
des céréales complètes,
du germe de blé et du son**

Format 13,5 × 18 ; 152 pages bristol ; illustré ; 2ᵉ édition

Les céréales... que de trésors de santé ! Il n'est que de penser au blé, au germe de blé, au son,... ! Ce guide pratique vous fera découvrir toutes les céréales, leur valeur nutritionnelle et surtout leurs *vertus thérapeutiques et diététiques.*

Soucieux de votre santé, vous comprendrez alors pourquoi vous DEVEZ consommer des céréales complètes issues de culture biologique et réaliserez tous les bienfaits que vous pouvez en attendre.

Les 2 parties essentielles de ce livre sont celles consacrées au *germe de blé* (tant en usage préventif que curatif) et au *son.* En effet, la remarquable efficacité du *son* dans le traitement des affections du transit gastro-intestinal (en particulier dans la CONSTIPATION) le fait actuellement redécouvrir par les gastro-entérologues et les cancérologues qui le prescrivent maintenant assidûment.

En plus de l'étude détaillée de chaque céréale, vous trouverez des chapitres particuliers sur le *pain complet au levain* (avec une méthode simple de panification pour faire vous-même votre pain diététique), et sur le délicat problème de l'*introduction des farines dans l'alimentation des nourrissons* (en fonction de leurs besoins et de leurs capacités digestives).

Cet ensemble rend ce livre particulièrement complet et pratique, et vous incitera à modifier sur-le-champ vos habitudes alimentaires afin de RESTER EN BONNE SANTE ou pour participer activement à la guérison de nombreuses affections.

Afin de mieux vous aider à introduire facilement les céréales dans votre alimentation quotidienne, toute la dernière partie se compose d'une *trentaine de recettes* alimentaires fort appétissantes à base de céréales.

André PASSEBECQ

l'argile
pour votre santé

Applications thérapeutiques et esthétiques. Dictionnaire de naturopathie indiquant les traitements naturels à associer à l'argile.

Format 13,5 × 18 ; 136 pages bristol ; illustré (photos) ; 3e édition

---

Les vertus thérapeutiques de l'argile (tant en usage externe qu'interne) ne sont plus aujourd'hui à mettre en doute. Mais, vantée ou contestée, utilisée parfois sans connaissances suffisantes, il devenait nécessaire de faire enfin le point actualisé sur son intérêt et ses applications en hygiène et médecine naturelles, ainsi que dans le domaine de l'esthétique.

L'auteur, praticien de la naturopathie dont la renommée n'est plus à faire, a condensé dans ce guide la pratique de 30 années d'expériences concluantes en ce domaine. Il dénonce certaines assertions relatives à de prétendues propriétés « miraculeuses » de l'argile, mais met en relief son intérêt incontestable dans nombre de troubles organiques.

En véritable praticien (et enseignant), il ne s'est pas borné à la simple description (par ailleurs très complète) des applications elles-mêmes. Dans un large esprit de synthèse, il a rappelé, pour près de **140 affections** parmi les plus courantes (classées alphabétiquement), les causes de base, les mesures d'hygiène alimentaire à adopter, les contre-indications éventuelles et surtout **l'ensemble des traitements naturels complémentaires à associer à l'argile pour une parfaite efficacité** : magnésiothérapie, aromathérapie, hydrothérapie, etc...

Ainsi construit, ce livre se présente sous la forme d'un véritable DICTIONNAIRE DE NATUROPATHIE, pratique, clair et précis, vous permettant de résoudre très rapidement nombre de vos problèmes de santé.

Gardez-le en permanence à votre portée ; il deviendra votre VADE MECUM de naturopathie.

Henri-Charles GEFFROY

l'alimentation saine

Principes fondamentaux d'une nutrition saine et équilibrée, permettant de recouvrer l'immunité organique naturelle, source de la vraie santé.

Format 13,5 × 18 ; 160 pages ; tableaux

D'origine, l'organisme humain possède les facultés nécessaires pour triompher par lui-même des plus graves maladies. Il suffit qu'on lui en fournisse les moyens, notamment par des règles de vie plus saines et surtout par une alimentation correspondant très exactement aux besoins réels de nos cellules.

Tout l'intérêt de cette méthode d'ALIMENTATION SAINE, conçue en 1946 et enseignée depuis avec succès par l'auteur, est, qu'ayant pour base une nutrition saine et parfaitement équilibrée, satisfaisant exactement — et sans plus — les besoins de l'organisme, les carences se trouvent rapidement comblées (effet thérapeutique). Dans un second temps, l'individu peut alors réduire progressivement sa ration, mettant fin, du même coup, au surmenage et à l'usure prématurée des organes digestifs et du cœur, ce qui améliore notablement l'état général en renforçant l'IMMUNITE ORGANIQUE NATURELLE (effet préventif).

128 recettes détaillées, des tableaux de composition des aliments et la liste des additifs alimentaires (colorants, conservateurs, etc.) avec leurs Nos de code et leurs effets sur l'organisme complètent utilement ce guide pratique que chacun devrait mettre immédiatement en application pour une vie meilleure... et plus longue, avec la pleine possession de ses facultés physiques et mentales.

Il est tellement plus raisonnable d'éviter la maladie que d'avoir à la combattre !

128 recettes + tableaux de composition des aliments + liste des additifs alimentaires

Dans la même collection :

Jean-Luc DARRIGOL

le miel pour votre santé

Propriétés thérapeutiques du miel, du pollen, de la gelée royale et de la propolis

Format 13,5 × 18 ; 144 pages ; illustré

Un guide pratique, attendu par tous les adeptes de médecine naturelle, faisant objectivement le point actualisé sur l'ensemble des propriétés thérapeutiques des multiples produits de la ruche.

Un premier chapitre est consacré à la connaissance de l'abeille, de son milieu et de l'apiculture. Ensuite, l'auteur précise les propriétés spécifiques (générales et particulières) de chaque variété de miel courant, ainsi que toutes les applications particulières (injections, mellites, gargarismes, usages externes, cataplasmes, aromels, recettes diététiques,...).

Tous les autres produits de la ruche sont ensuite étudiés : POLLEN, GELEE ROYALE, PROPOLIS, CIRE, VENIN D'ABEILLE et AROMELS (miel + huiles essentielles) avec, pour chacun, l'état des connaissances les plus actuelles et de leurs possibilités thérapeutiques. Un chapitre spécial est consacré à la PROPOLIS, véritable ANTIBIOTIQUE NATUREL, de plus en plus utilisé en naturopathie.

Le livre se termine par un important répertoire de 100 maladies courantes soignées par les produits de la ruche.

Un livre de référence, indispensable à tous ceux qui se tournent vers les méthodes naturelles de santé.

EXTRAIT DE LA TABLE DES MATIERES